「地理のおもしろワールド」へ

　啓明館では長年の指導経験をもとにして、効果的な学習テキストを編集しています。本書はその一冊として 2004 年に初版を刊行し、諸方面から斬新で画期的であるという高い評価をいただきました。「日本の歴史」「現代社会」とともに「紡ぐ」シリーズの地理編にあたります。

　本書の編集にあたっては実践的な現場の指導感覚を最大限に反映させました。楽しみながら、解りやすく、なおかつ、皆さんの求めに応じて「内容は深く」、できれば御父母の多様な興味にもたえられるものを、という困難な課題をなんとか突破すべく、日夜努力を積み重ね本書が完成いたしました。「こんな本が欲しい！」という現場の講師や生徒の切実な声、そんな要望になんとか応えたいという啓明館の熱意が紡ぎだした本書を活用して、ぜひとも地理分野の面白さを堪能していただきたいと思います。

〔本書の特長〕

1　身近な世界から興味を掘り起こし、地理分野の学習事項が体系的に身につく工夫がしてあります。新しく実施される学習指導要領に準拠し、世界の地形や国々、自然災害と生活のかかわりに関する内容を充実させてあります。

2　「**ひとくちメモ**」を随所に配置し、興味をさらに引き出す工夫をしてあります。

3　「**おもしろ知識**」のコーナーでは、入試関連知識も取り入れ、興味を広げ、さらに学習意欲が刺激されるように工夫してあります。

4　**フルカラー印刷**を採用し、学習への興味を最大限引き出すようにしました。

5　写真・地図・統計資料を極力多用し、多面的に理解できるよう**ビジュアル性を重視**しました。

6　随所に**オリジナルイラスト**を配置し、楽しく、しかも知識を記憶しやすい画面構成を工夫してあります。

啓明館が紡ぐ　日本の地理　目次

第1部

1

第1章　みんな大好き 日本の「食」

　わたしたちが毎日食べたり飲んだりするものが、わたしたちの体をかたちづくっています。この章では、米・野菜・くだものから肉までのさまざまな「食」と、「食」をささえる農業について学習していきましょう。

1 お米と穀物の話

食事のことを「ごはん」ともいうように、米は日本人の主食として大切な食べ物です。米をはじめとする穀物づくりについて、学習していきましょう。

① 米とわたしたちのくらし

1 さまざまな米と稲

米は稲の種子にあたる部分です。稲からは米だけでなく、わら・もみがら・ぬかも生まれ、むだにすることなくさまざまに使われています。

米…………ご飯・赤飯・かゆ、もち・だんご・ちまき、ビーフン、せんべい・あられ・かりんとう、酒、みそ、しょう油、酢 など。

ぬか………化粧品、つけものの材料、肥料、飼料 など。

もみがら…くだものの箱や枕につめる、燃料 など。

わら………飼料、肥料、しきわら、むしろ、たわら、なわ、ぞうり、屋根の材料 など。

2 米づくりの1年

稲は日本ではおもに水田でつくられています（水稲）。水田の1年を観察してみましょう。

米づくりの作業

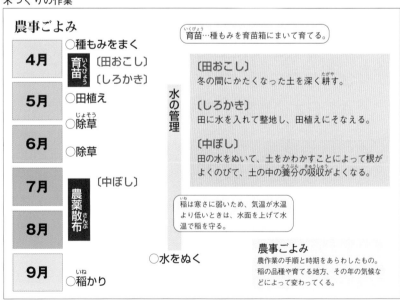

農事ごよみ			
4月	育苗	○種もみをまく 〔田おこし〕 〔しろかき〕	水の管理
5月		○田植え ○除草	
6月		○除草	
7月	農薬散布	〔中ぼし〕	
8月			
9月		○水をぬく ○稲かり	

育苗…種もみを育苗箱にまいて育てる。

〔田おこし〕
冬の間にかたくなった土を深く耕す。

〔しろかき〕
田に水を入れて整地し、田植えにそなえる。

〔中ぼし〕
田の水をぬいて、土をかわかすことによって根がよくのびて、土の中の養分の吸収がよくなる。

稲は寒さに弱いため、気温が水温より低いときは、水面を上げて水温で稲を守る。

農事ごよみ
農作業の手順と時期をあらわしたもの。稲の品種や育てる地方、その年の気候などによって変わってくる。

ご飯

おかゆ

ちまき

米と芸能
日本各地には「田植え歌」をはじめとした米や稲作にまつわる民謡が多くあります。これは稲作の苦労を和らげ、収穫の喜びをうたうものでした。
また、田植えの時に田楽（田植え祭りの舞楽）という芸能が生まれました。この田楽が猿楽→能・狂言へと発展していきました。

トラクター
田おこしやしろかきで使われる。

田植え機
一度に何列もの苗を植えることができる。

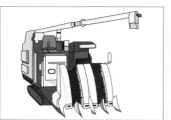

コンバイン
稲かりから脱こく、ふくろづめまでいっしょにできる。

水田の大切な役割

水田は米を生産するだけでなく、次のようなさまざまなはたらきをしています。
●水をたくわえるはたらき—水資源の確保、洪水や土砂くずれの防止
●水や空気をきれいにしたり、気温を調節するはたらき
●人々にいこいの場をあたえ、心をいやすはたらき
●さまざまな生物のすみか—カエルやトンボ、イナゴ、ドジョウ、フナなどたくさんの生物がくらしています。
●長く伝わってきた伝統文化を守るはたらき

② 米づくりのための工夫

1 水田をつくる努力

昔から人々は多くの米をつくろうとして、さまざまな工夫をしてきました。

① 土地をつくる
・**開拓**—山や野をきりひらいて、田や畑をつくること。
（例）**武蔵野**（東京都）・**三本木原**（青森県）など
・**干拓**—湖や海の水をほしあげて、田をつくること。
（例）**児島湾**（岡山県）・**有明海**・**八郎潟**（秋田県）など

（三大干拓地➡P.11を参照）

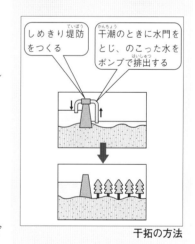

干拓の方法

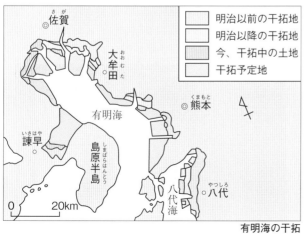

有明海の干拓　　八郎潟の干拓

暗きょ排水
水はけの悪い土地の地中に土管をうめてポンプなどで排水する。信濃川下流域の湿田など。

流水客土
水路を使って土を流しこむ方法。黒部川下流（富山平野）では、この方法で水もちの悪い田を水もちの良い田にかえた。

客土
他から良質な土を入れて耕地を改良すること。

泥炭地
かれた植物がくさらずに積み重なってできた湿地帯で、水はけが悪く酸性が強いため、作物ができない。

② 土地をつくりかえる

・**湿田の改良**—水はけの悪い土地をつくりかえる。

　　（例）**信濃川・利根川・筑後川の下流域**など

・水もちの悪い土地をつくりかえる。

　　（例）**笠野原（シラス台地）**など

・**泥炭地の客土**—やせた土地をつくりかえる。

　　（例）**石狩川流域**など北海道の各地

③ 水をひく

・**かんがい用水**—水の便の悪いところに用水路を

　　つくって水をひく。

・**ため池**—雨の少ない地方では、農業用水を得る

　　ためにため池をつくる。

　　（例）**讃岐平野・奈良盆地**など

シラス台地

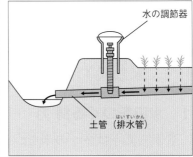

暗きょ排水のしくみ

ひとくちメモ 　棚田とはなんだろう

　棚田とは、山あいの斜面を耕して階段のようにつくられた田んぼのことで、「千枚田」ともよばれています。一枚一枚の田んぼに映る月は「田毎の月」とよばれ、美しい風景を見せてくれます。山の中に住む人々は、少しでも多くの米を得ようと、「耕して天にいたる」田んぼをつくったのでした。

　第二次世界大戦後、農業にたずさわる人口もへっていく中、効率の悪い棚田は、他の作物の畑へ変えられ、耕作されずにほったらかしにされるようなところさえありました。

　しかし近年、環境問題がさけばれる中、棚田への関心が集まっています。棚田の石垣が山くずれを防ぎ、田んぼが洪水を防ぐというはたらきだけでなく、観光の面でも、見直されるようになってきたからです。

　今、日本の各地で棚田を守ろうという活動が多く見られるようになっています。

丸山千枚田（三重県熊野市）

稲かり後

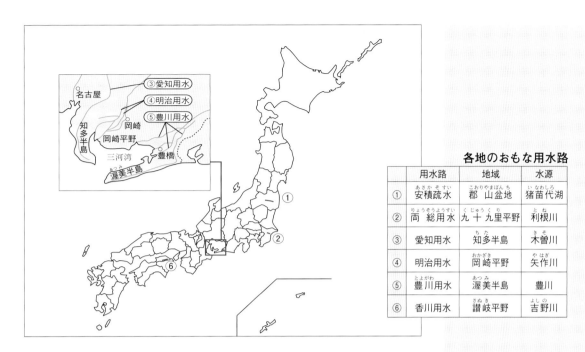

各地のおもな用水路

	用水路	地域	水源
①	安積疏水	郡山盆地	猪苗代湖
②	両総用水	九十九里平野	利根川
③	愛知用水	知多半島	木曽川
④	明治用水	岡崎平野	矢作川
⑤	豊川用水	渥美半島	豊川
⑥	香川用水	讃岐平野	吉野川

2　収穫をふやす工夫

①　品種改良

　品種改良というのは、ちがう品種の米どうしをかけあわせ、まったく新しい品種をつくることです。品質改良により、病気に強い品種、寒さや冷害に強い品種、おいしい品種などが生まれます。

　品種改良にはむずかしい技術が必要なので、農業試験場という国や都道府県の機関が中心となって行っています。

　コシヒカリや**あきたこまち**といったお米も品種改良米です。現在では、「たくさん取れる米」よりも「よりおいしい米」をつくることに力点がおかれています。

②　肥料と農薬

　肥料は、稲の生長を助けるのに使われますが、使いすぎると土地がやせてしまいます。肥料には自然にあるものでつくった**自然肥料**と、化学薬品でつくった**化学肥料**とがあります。

　自然肥料に使われるのはたい肥や有機質肥料です。たい肥はわらや家畜のふん、落ち葉などを積み上げ、微生物に分解してもらってできあがる肥料、有機質肥料は油をしぼった菜種のかすや、油をとった魚かすなどからつくる肥料で、ともに廃棄物を有効に利用していて、環境にやさしいと考えられることから、その利用が見直されています。

ひとくちメモ

**寒い地方での工夫
ーぬるめ・じかまき・
まわし水路**

　水をまわして田に入れるぬるめや、稲が早く発芽する工夫をした保温せっちゅう苗代の開発が行われてきました。

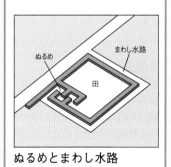

ぬるめとまわし水路

たい肥づくり

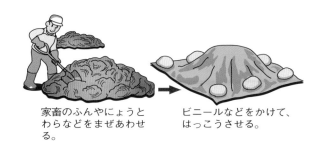

家畜のふんやにょうと
わらなどをまぜあわせ
る。

ビニールなどをかけて、
はっこうさせる。

農薬と肥料のいたちごっこ
化学肥料の使いすぎは稲を弱く
し、病気にかかりやすくします。
そこで、その病気をおさえるた
めに農薬を大量に使用します。
こうして農薬の使用量がふえて
きました。

農薬は農作物の 病 虫 害を防ぐために使われます。農薬の使い
すぎは自然や人体に害をもたらします。農薬による事故が毎年
20 ～ 30件ほどあり、農業にたずさわる人のうち、4人に1人は
農薬中毒を体験しているといわれています。また、殺 虫 剤をま
いた草を牛が食べ、牛乳にとけこむことになります。

アイガモ農法

アイガモ農法

田植え後、約2週間たった水田に生後2週間前後のア
イガモのヒナを10 a あたり15羽ほど放し、農薬や化学
肥料を使わずに米づくりを行う方法です。

アヒルとカモの交雑種のアイガモは、稲などの作物は食べずに、田の中
の雑草や害虫をよく食べます。アイガモは、田の中を歩き回り、常に水田
の中の水と土をかき混ぜてくれるので、土の中に空気が送り込まれて根の
はたらきが活発になります。また、水がいつもにごっているので、雑草が
はえにくくなります。

さらにアイガモのふんが稲に養分を 供 給 してくれるので、化学肥料を
使わずに稲を育てることができるのです。

③　気候を生かした米づくり－二期作と早場米

二期作は、同じ田で1年間に2回もお米をつくることです。こ
れは高知平野などで 暖 かい気候を利用して、米の生産量を多く
しようと行ったものですが、近年ではほとんど行われていませ
ん。**早場米**は、台風が来る前にさっさと 収 穫してしまう米で
す。

早稲田
全国各地に、早稲田という地名
があります。これは昔、生育の
早い品種の稲が多かった田のあ
った地域に名づけられたところ
が多いようです。

二期作と二毛作

二期作は1か所の耕地に同じ作物を年に2回栽培す
ること、二毛作は1か所の耕地に年に2種類のちがう
作物を栽培し収穫することです。米を2回つくるのは二期作、米をつ
くり、そのあとに同じ場所でチューリップを栽培するのは二毛作とい
うことになります。

3 稲作のさかんな地域

日本の中で米の生産が多いのは、**東北地方・関東地方・北陸地方**です。特に東北地方や北陸地方で生産される質のよい米は全国各地に出荷され、この2つの地方は、『**日本の穀倉地帯**』とよばれています。

稲作のさかんな地域

上川盆地
石狩平野
庄内平野
越後平野
秋田平野
富山平野
仙台平野
筑紫平野
関東平野
濃尾平野
熊本平野

① 北海道地方

石狩平野や**上川盆地**が中心です。北海道の米として、「**ななつぼし**」、「**ゆめぴりか**」、「**きらら397**」などが有名です。

石狩平野では他の土地から良質な土を持ってくる**客土**によって土地を改良しました。

② 東北地方

津軽平野・秋田平野・庄内平野・仙台平野などで生産が多くなっています。秋田県の「**あきたこまち**」、宮城県の「**ひとめぼれ**」、山形県の「**はえぬき**」などが有名です。

秋田県の**八郎潟**は干拓によって陸地になり、ここに稲作のモデル農村として**大潟村**が誕生しました。しかし、米があまり始めたため、減反政策(生産調整)による転作(P.13)が行われました。

③ 関東地方

大消費地をかかえる関東地方でも米づくりがさかんです。**利根川下流域（水郷地帯）**は早場米の産地です。

④ 中部地方

日本海側の北陸地方、**越後平野**や**富山平野**は米どころとして全国的に知られています。北陸地方は「水田単作地帯」です。新潟県の魚沼産**コシヒカリ**は、味がよいと評判です。

越後平野では**大河津分水路**（新信濃川）をつくり、水はけの悪い湿田を乾田化しました。これにより水害が少なくなって、米の

米の生産

都道府県別では？⇒全国第1位は新潟県・2位は北海道・3位は秋田県（2020年）

いずれも冬は積雪で米づくりのできない米の単作地帯です。

地方別では？⇒1位東北地方・2位関東・東山地方・3位北陸地方

東北・北海道地方の冷害と稲の品種改良

かつては北海道では米はまったく取れませんでした。東北地方ではやませという北東の季節風がふくと、その年の稲作はアウトでした。それが今では、東北・北海道地方ともに全国有数の「米どころ」です。そうなったのは、「農林1号」や「藤坂5号」といった品種改良米が研究・開発されたおかげなのです。

米づくりの北限の移り変わり

三大干拓地

秋田県の八郎潟・岡山県の児島湾・九州の有明海をさします。

ひとくちメモ

ブランド米

コシヒカリやひとめぼれ、といった名前のお米があります。こうしたお米は、さまざまな品種改良を重ね、おいしい特別なお米であることをアピールして売るお米で、ブランド米（銘柄米）といわれています。

越後平野の低湿地

生産がふえました。富山平野では、**流水客土**が行われました。中央高地には、**棚田**がみられます。

⑤ **近畿地方**

播磨平野の「**播州米**」、伊勢平野の「**伊勢米**」、近江盆地の「**江州米**」などが有名です。

⑥ **中国・四国地方**

古くから干拓の行われた**児島湾（湖）**、ため池の多い**讃岐平野**（現在は**香川用水**が完成）、かつて米の二期作が行われた高知平野のほか、日本海側の鳥取県や島根県でも稲作が行われています。

ひとくちメモ

米の移出と移入

米の生産が多い地域は、人口が多く生産の少ない大都市のある地域に米を出荷しています。これを米の移出といい、逆に米を受け入れることを米の移入といいます。

おもな米の移出県は、「米どころ」として知られる北海道・東北・北陸地方や、人口の少ないわりに生産の多い島根県や鳥取県などです。移入県は、東京・神奈川・埼玉・千葉・愛知・大阪・福岡などの各都府県で、どれも大きな都市があって人口の多い地域です。

---

⑦ **九州地方**

九州地方は暖かいので、早場米の産地も多く、毎年全国のトップを切って新米が出荷されます。

九州の稲作の中心地は**筑紫平野**です。筑後川下流の柳川市付近には、**クリーク**というかんがい用の水路がかつて網の目のようにはりめぐらされていましたが、最近は減少しています。また、**有明海**沿岸では古くから干拓が行われてきました。

他に米の生産がさかんなのは**熊本平野**や**八代平野**などです。

③ 米づくりの「今」と「これから」

1 へり続ける米の生産

第二次世界大戦後、食生活の洋風化などの影響で、日本人が1日に食べる米の量は、年々へっています。

これにともなって、米の生産量や農業生産全体にしめる米の割合も年々へっています。

米のとれ高と必要な量（2020年は生産量・在庫のみ）

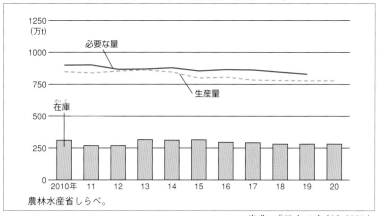

農林水産省しらべ。

出典：「日本のすがた2021」

日本人1人1日あたり米の消費量

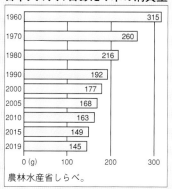

年	g
1960	315
1970	260
1980	216
1990	192
2000	177
2005	168
2010	163
2015	149
2019	145

農林水産省しらべ。

出典：「日本のすがた2021」他

2　あまる米と減反政策

　日本での米の生産は長い間、**食糧管理制度**のもとで計画的に行われてきました。しかし、米の生産量がふえ、消費量がへってくると、政府は食糧管理制度を改めて政府を通さない**自主流通米**の販売を認めました（1969年）。さらに米の生産をへらすために、**休耕**（水田での耕作を中止する）や**転作**（米以外の作物をつくる）を実施する**減反政策（生産調整）**を奨励しましたが、2018年に廃止されました。

　2004年には**新食糧法**が制定され、備蓄（たくわえ）用の米だけを政府が管理し、残りは自由に販売できる**民間流通米**となっています。

●米トレーサビリティ法

　米と米製品（せんべいなど）について、生産地や取引の記録を作成・保存して、消費者に伝えることを義務づける法律です。記録の作成・保存は2010年10月から、産地情報の消費者への伝達は2011年7月から行われています。

食糧管理制度
1942年に定められた制度。農家のつくる米はすべて政府が買い取り、国民にはそれより安い値段で政府が売り渡すもので、差額は国が負担してきました。この制度では、農家はつくった米をすべて政府に売ることとされ、それ以外の米はすべてヤミ米でした。

関税
外国から輸入される品物に対してかけられる税金。

「たくわえくん」（備蓄米）
備蓄米は、いざという時のために政府がたくわえておくお米で、常時100万トンの在庫があります。

ミニマム・アクセス
最低これだけは輸入すると表明した輸入量。日本に輸入される米はミニマム・アクセスまでは無関税、その量を超えると約700％以上の関税がかかります。関税がかかると輸入米の値段は国産米より高くなるので、ミニマム・アクセス分以上のコメは国内にほとんど入ってきません。

 カントリーエレベーター

　収穫した米をもみのまま乾燥し、サイロに貯蔵する施設です。米の品質をあまり変えることなく保存することができます。貯蔵した米は、必要に応じて出荷します。多くの場合、地域の農家が共同で管理・利用しています。

カントリーエレベーター（山形）

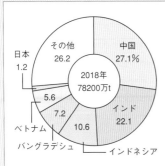

世界の米（もみ）生産（2018年）

その他 26.2
日本 1.2
中国 27.1%
2018年 78200万t
インド 22.1
インドネシア 10.6
バングラデシュ 7.2
ベトナム 5.6

出典：「日本のすがた2021」

3　米の輸入自由化

　日本は長い間、米の輸入を制限してきましたが、アメリカなどからの強い要求により、米を自由に輸入するしくみをととのえました。現在、年に60～80万トンを**アメリカ**やタイなどから輸入しています。

4　農家の取り組み── 21世紀のサバイバル

　米あまりや、あとつぎの不足などになやみ、農業をはなれる人もふえています。その中で、**有機栽培米**や**アイガモ農法**による安全な米づくりをアピールしたり、味のよい**ブランド米**の栽培に力を入れたりする農家もあります。

④　麦・豆・イモ・雑穀

1　麦

　かつて、関東地方から南の太平洋側では、稲を刈り取ったあとの田んぼで麦が多く栽培され、その風景は冬の風物詩でもありました。

●麦の種類とつかいみち

　　小麦──小麦粉・パン・うどん・しょう油・菓子

　　大麦・はだか麦──ビール・みそ・あめ・家畜のエサ

　　　※小麦の生産が多いのは北海道です。

　　　※大麦は寒さに強いので、おもに関東や東北で栽培されています。
　　　　はだか麦は寒さに弱いので、西南日本で栽培されています。

●小麦の生産と輸入

　日本の小麦は外国産のものに比べて値段が高く、パンの原料としても適していないため、必要な量のほとんどをアメリカ・カナダ・オーストラリアからの輸入にたよっています。

「うどんこ」「メリケン粉」

小麦は粉にされて、うどんにされるので、「うどんこ」とよばれています。また、戦前にアメリカやカナダから輸入され、横浜などの製粉工場で製粉された小麦を特に「メリケン粉」とよんでいましたが、その後「メリケン粉」といえば小麦粉をさすようになりました。

麦飯

米に麦をまぜてたいたごはんを麦飯といいますが、この麦は大麦のことです。

小麦の生産と輸入

消　費　量
輸入　約82% （アメリカなど）
国内生産 約18%（北海道など）

出典：「日本国勢図会2021/22年版」

小麦

大麦

2　豆

●大豆・小豆・落花生

　大豆は「畑の肉」とよばれ、良質のたんぱく質を豊富にふくむ、日本人の食生活にはなくてはならないものです。北海道を中心に生産されていますが、その量はわずかで、小麦と同じように、多くを輸入にたよっています。

　　・大豆を原料にした食品──みそ、しょう油、納豆、とうふ、
　　　豆乳、ゆば、きな粉、油、マーガリンなど。

　小豆は、和菓子の「あんこ」の原料となる他に、おしるこ、赤飯などに使われ、北海道を中心に生産されています。

　落花生は、ピーナッツバターや菓子の原料になります。生産量が多いのは千葉県です。

節分と豆まき
節分には、豆まきをしますが、この豆は大豆を炒ったものです。邪気を払う力を持つと考えられた豆をまくことで、福をよびこもうとしたのです。

大豆

小豆

※ 大豆がまだ青いうちに食べるのが「枝豆」です。

3　イモ

●サツマイモ（カンショ）

　サツマイモは中南米（中央アメリカ・南アメリカ）がふるさとで、ヨーロッパ、中国から琉球（今の沖縄県）を経て薩摩（今の鹿児島県）にもたらされました。

サツマイモ

地理おもしろ知識

学校給食と小麦

　第二次世界大戦後の食糧難の中、栄養失調の児童を救うために、パンとミルク（脱脂粉乳）とかんたんな副食という給食が始められ、1951年には全国で実施されました。

　当時、アメリカは国内で大量にあまった小麦を日本に無料で援助し、その小麦粉が学校給食に使われました。そして、給食で育った子どもが大人になってもパンを食べるようになり、小麦の消費がのびていったのです。

2 野菜とくだものの話

健康なからだをつくる上で欠かすことのできない野菜とくだものについて学習しましょう。

1 野菜はどこでつくられる

1 新鮮さで売る野菜－近郊農業

東京・大阪・名古屋など大都市に近い地域では、大都市向けに野菜づくりを行う**近郊農業**がさかんです。

近郊農業の例

　　　埼玉県－ネギ・ブロッコリー

　　　千葉県－ネギ・キャベツ・ニンジン

　　　茨城県－レタス・ピーマン・ハクサイ・レンコン

　　　愛知県－キャベツ・ハクサイ

2 気候の特色を生かした野菜づくり

交通網が整備され、**コールドチェーン**などの流通システムの発達によって、遠くからでも出荷できるようになりました。

① 暖かい気候を利用した野菜づくり

冬の暖かい気候を利用し、**ビニールハウス**でナスやピーマンなど野菜の**早づくり（促成栽培）**が行われています。

　　　（例）高知平野のナス・宮崎平野のピーマンなど

野菜づくりのさかんなところ

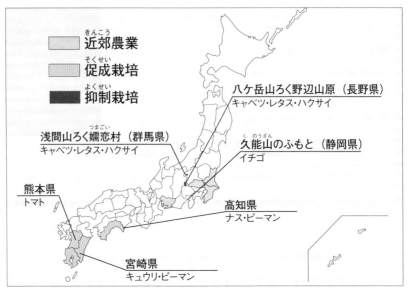

近郊農業
促成栽培
抑制栽培

八ケ岳山ろく野辺山原（長野県）
キャベツ・レタス・ハクサイ

浅間山ろく嬬恋村（群馬県）
キャベツ・レタス・ハクサイ

久能山のふもと（静岡県）
イチゴ

熊本県
トマト

高知県
ナス・ピーマン

宮崎県
キュウリ・ピーマン

② すずしい気候を利用した野菜づくり

　夏のすずしい気候を利用し、野菜の**おそづくり（抑制栽培）**が行われています。

　（例）野辺山原（長野県八ヶ岳のふもと）・**嬬恋村**（群馬県浅間山のふもと）などの**キャベツ、ハクサイ、レタス**

　　※　抑制栽培でつくられる野菜を**高原野菜**といいます。

高原のキャベツ畑

③ 寒い気候を利用した野菜づくり

　北海道では寒い土地に向いた作物が多くつくられています。

　・北海道が生産1位の野菜…**タマネギ、ニンジン、カボチャ**

東京都中央卸売市場でのキャベツの月別入荷　　　（2020年）　レタス栽培ごよみ

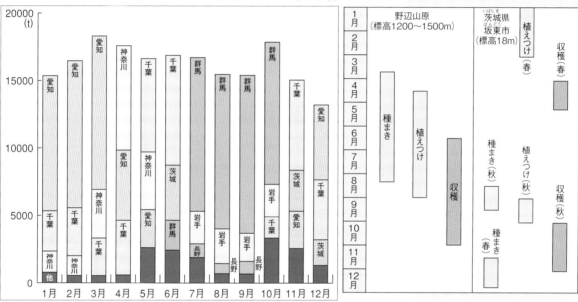

<hr />

　　　野菜と「旬」

ひとくちメモ

　　野菜には「旬」（味が良いいちばんさかりのころ）が大切です。俳句の季語をもとにして、それぞれの野菜の旬の時期を調べましょう。ただ最近はビニールハウスの技術が発達し、さまざまな野菜が日本各地でつくられているので、ほとんどの野菜は一年中手に入ります。

春…チシャ（レタス）、ホウレンソウ、ミツバ、ミズナ、ニンニク、ワサビ

夏…イチゴ、キャベツ、タケノコ、キュウリ、メロン、トマト、ラッキョウ、タマネギ

秋…カボチャ、秋ナス、ジャガイモ、サツマイモ、トウガラシ、ショウガ、スイカ

冬…ハクサイ、ネギ、ダイコン、ニンジン、カブ

　　※季語は旧暦にもとづいています。秋は今でいうと8月〜10月になりますから、スイカの季語は秋になるのです。

どこを食べるの？

「葉」を食べるシュンギク　「実」を食べるカボチャ　「茎」を食べるアスパラガス　「根」を食べるニンジン

3 野菜づくりで大変なこと

野菜農家はどんなことに頭をかかえているのでしょうか?

① 生産量が不安定

野菜づくりは自然が相手ですから、天候や病害虫によって、生産量が大きく上下します。

② 気になる値段

野菜の値段は、市場に出荷される量によって毎日変わります。市場への入荷量が多いと値段は下がり、入荷量が少ないと値段は上がります。豊作で値段が下がってしまい、場合によっては生産にかかった費用を下回ることもあります。(**豊作貧乏**)

③ 連作障害

同じ畑で同じ野菜を続けて栽培すると、土地がやせ、病気にもかかりやすくなります。**輪作**をして、連作障害を防ぐ工夫をしています。

④ ふえる外国産野菜の輸入

近年、保冷技術の進歩により、野菜の輸入がふえています。大農法で栽培された外国産の野菜は安く、価格の面では太刀打ちできません。

輪作
さまざまな野菜を順番に栽培して、連作障害を防ぐこと。北海道の十勝平野が有名で、小麦、ビート(テンサイ)、ジャガイモ、牧草などを輪作しています。

野菜の原産地

日本各地で野菜が生産されていますが、そのふるさとは世界のさまざまな地域です。日本原産の野菜は、ワラビ、ワサビ、フキなどの山菜ぐらいです。

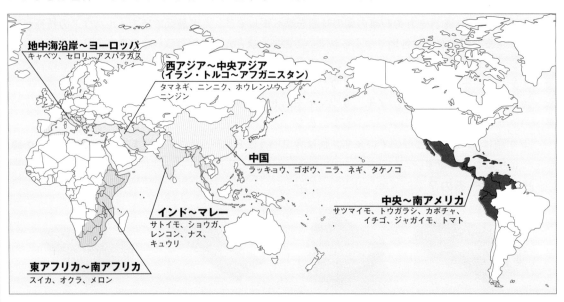

地中海沿岸～ヨーロッパ
キャベツ、セロリ、アスパラガス

**西アジア～中央アジア
(イラン・トルコ～アフガニスタン)**
タマネギ、ニンニク、ホウレンソウ、ニンジン

中国
ラッキョウ、ゴボウ、ニラ、ネギ、タケノコ

インド～マレー
サトイモ、ショウガ、レンコン、ナス、キュウリ

東アフリカ～南アフリカ
スイカ、オクラ、メロン

中央～南アメリカ
サツマイモ、トウガラシ、カボチャ、イチゴ、ジャガイモ、トマト

外国からの輸入が多い野菜

- **ブロッコリー**…アメリカ
- **マツタケ**…中国、カナダ
- **タマネギ**…中国、ニュージーランド
- **シイタケ**…中国

外国産の野菜は農薬を含む割合の基準などが日本と異なるなどの問題点が指摘されることもあります。

野菜の輸入先

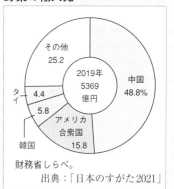

その他 25.2
2019年
5369
億円
中国 48.8%
タイ 4.4
5.8
韓国
アメリカ
合衆国
15.8

財務省しらべ。
出典：「日本のすがた2021」

野菜が家庭に届くまで

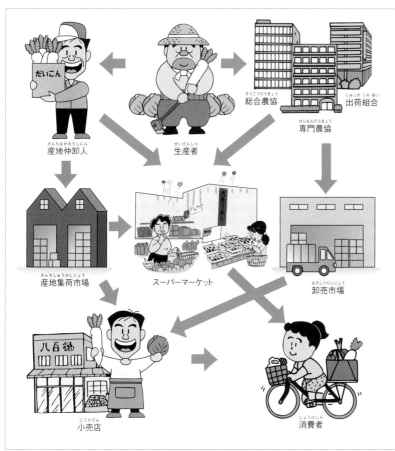

産地仲卸人
生産者
総合農協
出荷組合
専門農協
産地集荷市場
スーパーマーケット
卸売市場
小売店
消費者

つくったキャベツをつぶす？

あまりに野菜ができすぎて、出荷しても値段が安い場合には、出荷を取りやめることがあります（出荷調整）。出荷しても、輸送費や箱代のほうが高くなり、かえって損をすることになるからです。群馬県や千葉県では何年かに一度、せっかくつくったキャベツをトラクターでつぶし、有機肥料にしています。

地理 おもしろ知識

東京都中央卸売市場

日本最大の都市、東京の人々の「食」を支えているのが、東京都中央卸売市場（11市場）です。野菜とくだもの合わせて約350種類が、全国はもとより、外国からも入荷されています。各地から集まった野菜は朝の6時ごろから始まるセリにかけられ、都内や近県に出荷されています。

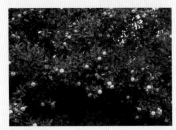

みかん畑

2 さまざまなくだもの

日本は南北に長く、気候にちがいもあるので、ほかの農作物と同様にたくさんの種類のくだものが栽培されています。

1 みかん

現在、私たちがみかんとよんでいるのは「温州みかん」という品種で、鹿児島が原産地だとされています。中国から伝わったみかんの仲間から偶然に生まれたようです。

栽培に適した条件は、年平均気温が15度以上で、最低でもマイナス5度以下にならないことです。**和歌山県・愛媛県・静岡県**や九州で生産がさかんで、くだものの中ではいちばん多くとれます。

愛媛県をはじめ、瀬戸内海沿岸では日当たりと水はけがよく、暖かい南向きの斜面の段々畑で多く生産されています。

みかんの生産量の多い県——暖かい地方が多い

2 りんご

ヨーロッパでは4000年も前から栽培されていたといわれるりんごですが、日本での栽培は、明治時代にアメリカから苗木を持ち帰ったものが最初だといわれています。それ以前にも信州（長野県）でりんごが栽培されていましたが、それは「和りんご（地りんご）」といわれる実の小さなものでした。

栽培に適した条件は年平均気温が6～14度ほどで、冬の最も寒い時期でマイナス10度ほどであることです。**青森県**での生産量が全国の半分以上をしめ、**長野県**、岩手県、山形県などがつづきます。

りんごの生産量の多い県——すずしい地方が多い

りんご畑

りんご栽培農家の一年

区分	りんご	稲
1月	枝切り	
2月		
3月		
4月	施肥 摘果	
5月	袋かけ	田植え
6月	人工授粉	
7月		
8月		
9月	病虫害防除 袋はぎ	収穫
10月		
11月	収穫	
12月		

3 ぶどう

ぶどうは生で食べられるほか、ジュースやワインの原料となります。

日本のぶどう栽培は、おもに棚が使われ、それにツルをはわせる方法で行われています。夏に高温で、少雨の気候に適し、山梨県甲府盆地のような水はけのよい扇状地でさかんに生産されています。

生産の多い県：**山梨県・長野県**など

ぶどうの生産量の多い県

扇状地

4 まだまだあるくだもの

●なし（日本なし）

現在私たちが目にするなしは、明治時代以降に発見された品種です。二十世紀なしや長十郎が発見され、大正時代から現在まで、多くの新しい品種が生まれています。

生産の多い県：**茨城県・千葉県・栃木県・福島県・鳥取県**など

なし

地理おもしろ知識

「二十世紀なし」の発見

二十世紀なしというユニークな名前は、どこからきたのでしょう？

二十世紀なしが発見されたのは、20世紀を目前にした1888（明治21）年。千葉県松戸市の民家のゴミ捨て場で当時13歳の少年が偶然発見したと伝えられています。そして10年後、移植されたこの苗木はみごと実を結びました。表皮が茶色い赤なしが主流だった当時、この木に実った青い果実は注目され、一気に全国に栽培が広がったといいます。

この新しいなしの名前について、発見者から相談を受けた渡瀬寅次郎（東京興農園主）と池田伴親（東京帝国大学・現在の東大）は1898（明治31）年、「次の20世紀にはなしの王様になるだろう」と二十世紀なしと名付けました。

ところで、昔の人はなしのことを「ありのみ」とよんでいました。「なし」という言葉は「無し」という意味につながるのでそれをきらっての言いかえです。「するめ」を「あたりめ」、「すりばち」を「あたりばち」と言いかえるのと同じ発想ですね。

販売農家の減少

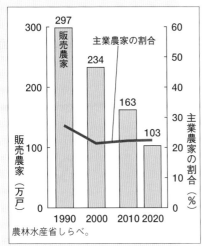

出典:「日本のすがた2021」他

新規就農者

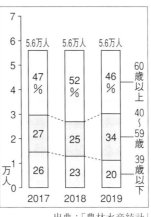

	2017	2018	2019
60歳以上	47%	52%	46%
40～59歳	27	25	34
39歳以下	26	23	20

5.6万人　5.6万人　5.6万人

出典:「農林水産統計」

農家の数（単位　万戸）

	2010	2015	2020
総農家	253	216	175
販売農家	163	133	103
主業農家	36	29	23
準主業農家	39	26	14
副業的農家	88	78	66
自給的農家	90	83	72
販売農家の			
割合（％）	100.0	100.0	100.0
主業農家	22.1	22.1	22.3
準主業農家	23.9	19.3	13.7
副業的農家	54.1	58.6	64.0

農林水産省しらべ。

出典:「農林業センサス」

広い土地の畑（北海道）

狭い土地を生かした段々畑

2　世界とくらべた日本の農業

①　耕地面積がせまい

　日本の農家一戸あたりの**平均耕地面積は約2.5ヘクタール**にすぎません（北海道だけはその10倍以上の約27ヘクタールあります）。

> ※1ヘクタール（ha）はたて・よこ1辺の長さが100mの四角形の面積（10000平方メートル）に等しい広さです。めやすとしては、東京ドームのグラウンドの広さが約1.3ヘクタールです。

　広がる耕地面積

　一戸あたりの耕地面積は年々広くなっています。これは、農業を離れた人たちの耕地を他の農家が買ったり借りたりしたためで、日本全体の耕地面積はへる傾向にあります。現在の日本の耕地面積は437万haで、日本全体の約12％です。

②　集約農業

　せまい耕地を有効に使うため、裏作などをしたり、多くの人手をかけ、たくさんの肥料を使ったりして生産を高めてきました。

　このように手間をかけて行う農業を**集約農業**といいます。集約農業をすると、同じ面積あたりの生産高はふえますが、手間がかかる分だけ農産物の値段が高くなります。

　大農法

　集約農業に対して、広い耕地を1年に1回しか使わないアメリカやオーストラリアのような農業を大農法といいます。

広大なアメリカの農場

日本の化学肥料の使用量

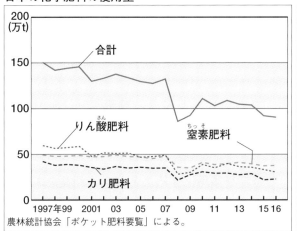

農林統計協会「ポケット肥料要覧」による。

出典：「日本国勢図会2020/21年版」他

10アールあたりの水稲の収量

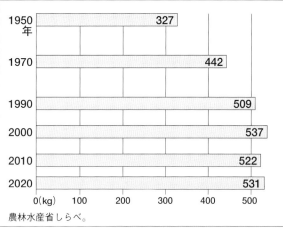

農林水産省しらべ。

出典：「日本のすがた2021」他

② 食料生産の課題と取り組み

1 低い食料自給率

　日本の**食料自給率**（国内でまかなえる食料の割合）は、全体を平均すると約**38%**で、食料の半分以上を外国から輸入しています。

　自給率の高い品目：米（97%）・野菜（79%）

　自給率の低い品目：大豆（6%）・小麦（16%）

食料自給率の変化

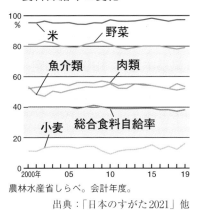

農林水産省しらべ。会計年度。

出典：「日本のすがた2021」他

食料の自給率の変化（%）

	総合食料自給率[1]	米	小麦	大豆
2000	40	95	11	5
2010	39	97	9	6
2019	38	97	16	6

	野菜	果実	肉類	魚介類
2000	81	44	52	53
2010	81	38	56	55
2019	79	38	52	53

農林水産省しらべ。会計年度。1)重さではなく、供給熱量をベースにしたもの。

出典：「農林水産省ホームページ」

先進国の総合食料自給率
- アメリカ合衆国——132%
- フランス————125%
- ドイツ—————86%
- イギリス————65%
- イタリア————60%

フードマイレージ
食料を運ぶ場合、生産地が遠いほど輸送距離も長くなり、輸送時に排出される二酸化炭素も増えて、地球環境に負担をかけることになるという考え方です。フードマイレージは、「食料の輸送量（t）」×「輸送距離（km）」であらわされ、値が大きいほど、一般に地球環境への負担が大きいとされます。

2 食の安全・安心のために

近年、食に関するさまざまな問題がおきています。

① 　BSEや鳥インフルエンザの発生。

② 　食品から基準をこえる有害な物質が検出された。

③ 　食品の産地や消費（賞味）期限をいつわっていた。

④ 　遺伝子組みかえ作物の安全性に疑問がもたれている。

こうした中、化学肥料や農薬にたよらない**有機食品**が注目されています。

ひとくちメモ

遺伝子組みかえ作物

　植物の遺伝子配列を変えたり、別の植物の遺伝子を組み込んだりして、害虫に強いなどの性質をもたせた作物。遺伝子組みかえ作物を使用した食品を販売する場合、そのことを明記する必要があります。

3 日本の農業を守るために

農家では、収入をふやすためにさまざまな工夫をしています。

ブランド米や有機栽培米をインターネットで販売するのもその1つです。

また、米をおもちやせんべいにしたり、野菜でつけものをつくったりして販売する、さらには自分たちが栽培した農産物を材料にした料理を出すレストランを開くなどしているところもあります。このようにして**経営を多角化する**ことでも、利益をふやす努力をしています。

> **ひとくちメモ**
>
> ### 道の駅
>
> 地方の国道ぞいなどには近年、「道の駅」という施設が多くつくられています。これは、長時間のドライブをする人たちの休憩施設として一般道に建設されたもので、高速道路のサービスエリアにあたります。そしてこの道の駅では、トイレや道路案内のサービスだけでなく、地域で栽培された農産物やその加工品を販売しています。
>
> 農産物の直接販売というと、かつては道端でくだものを売るトラックや、鉄道の駅前で露店を開く行商人がおきまりでしたが、直接販売の様子もずいぶん変わりました。

4 農業をめぐる国の取り組み

① **食糧法：1994年制定、2004年改正**

正式には「主要食糧の需給及び価格の安定に関する法律」といいます。

② **食料・農業・農村基本法（新農業基本法）：1999年制定**

食料自給率を2030年度までに45％に引き上げることを国の目標として定めています。その他、国土を守る、水源を守る、自然環境を守る、美しい景色をつくる、日本の文化を伝えるなどの農業の多面的な機能をあげています。

③ **食育基本法：2005年制定**

みずからの食生活について考える習慣を身につけて、生活習慣病などを予防することを目的としています。

④ **セーフガード**

外国産の安い農産物によって国内の産業が影響を受けないように、外国産の品物を一時的に輸入禁止とすることをいいます。

⑤ **環太平洋パートナーシップ（TPP）協定**

アジア太平洋地域での貿易自由化に向けて交渉が行われている協定。日本は2013年に参加。農業分野でも大きな影響があるとも言われています。（➡P.117を参照）

この章のまとめ

1　お米と穀物の話

1 米とわたしたちのくらし

　日本人の主食である米。もみまき ⇒ 田おこし ⇒ しろかき ⇒ 田植え ⇒ 刈り取り が、1年の米づくりのサイクルです。**コンバイン**をはじめとするさまざまな機械が使われています。

2 米づくりのための工夫

　干拓・乾田化・客土をして土地をつくりかえたり、かんがい用水を引いたりして、稲作に向いた土地をつくります。また、品種改良・肥料や農薬の使用、あるいは二期作・早場米によって生産を高める工夫も行われてきました。

　◆干拓……八郎潟・児島湾・有明海など
　◆乾田化……越後平野
　◆客土……石狩平野・富山平野（流水客土）
　◆かんがい用水……香川用水・愛知用水など

［稲作のさかんな地域］

　東北から北陸地方にかけてが「日本の穀倉地帯」。地方別では東北・関東・北陸、都道府県別では新潟県・北海道・秋田県。

3 米づくりの「今」と「これから」

　食生活の洋風化によって米を食べる量がへって米があまり、減反政策が行われてきました。輸入が自由化されて外国との競争が高まる中、農家はブランド米や有機栽培米の栽培に力を入れています。

4 麦・豆・イモ・雑穀

　小麦・大豆の多くはアメリカなどからの輸入品です。サツマイモは鹿児島県、ジャガイモは北海道でそれぞれ生産が多くなっています。

2　野菜とくだものの話

1 野菜はどこでつくられる

　大都市周辺での**近郊農業**、気候の特色を生かした**促成栽培**・おそづくりが各地で行われています。北海道では広い耕地で大規模な畑作が行われています。

近郊農業……愛知県（キャベツやハクサイ）・千葉県（ネギ・ニンジン）・茨城県（ハクサイ・レンコン）など

促成栽培……高知平野（ナス・ピーマン）・宮崎平野（ピーマン）

　野菜づくりは天候に左右されるので、価格も生産高も不安定です。外国産の安い野菜が多く輸入されることも問題となっています。

2 さまざまなくだもの

　みかんは和歌山県や愛媛県などの暖かい地域、**りんごは青森県・長野県**などすずしい地域と、気候の特色を生かした生産が行われています。愛媛県では**段々畑**、山梨県などでは**扇状地**でのくだものづくりが行われています。

3 さまざまな畑作物

　気候や土地との結びつきが強いため、工芸作物の多くは地域の特産物です。茶－静岡県・鹿児島県・三重県など　テンサイ－北海道、サトウキビ－沖縄県

　新潟県・富山県では水田で裏作にチューリップの球根栽培が行われています。電照菊は沖縄県や愛知県で栽培され、時期をずらして出荷されます。

3　お肉の話

1 日本人と肉食

　乳牛・肉牛・ブタ・ニワトリなどが飼育されています。

2 肉はどこから

　北海道・九州と近郊農業が中心です。肉牛・乳牛は北海道、ブタ・ニワトリは鹿児島・宮崎などで生産が多くなっています。

3 畜産業をめぐる問題点と農家の工夫

　牛肉の輸入自由化などで国内農家はきびしい立場におかれる中、BSE・遺伝子組みかえ作物など食の安全をめぐる問題も心配されています。

4　日本の農業って魅力ある？

1 日本の農業の今

　農業をはじめ**第1次産業**で働く人の数は年々へり、働く人の**高齢化**も問題となっています。

　せまい耕地で手間をかけて行う**集約農業**が日本の農業の特色です。

2 食料生産の課題と取り組み

　食料の多くを輸入にたより、**自給率**はとても低くなっています。国は2030年度までに自給率を45％に引き上げる計画です。食の安全、安心のために**有機食品**が注目されています。

第1部

2

第2章　森・海の恵<ruby>み<rt>めぐ</rt></ruby>

　宇宙から日本を見おろすと、緑におおわれた島々を青い海が取り囲んでいます。この章では、日本の豊かな森と海の恵み、それらがわたしたちの生活とどう結びついているのかを学習します。

1　日本の森林と林業

2　お魚の話

1 日本の森林と林業

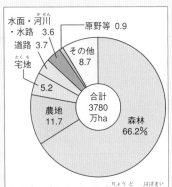

水面・河川・水路 3.6
原野等 0.9
道路 3.7
宅地 5.2
その他 8.7
農地 11.7
合計 3780万ha
森林 66.2%

国土交通省しらべ。北方領土（歯舞群島、色丹島、国後島、択捉島）と竹島をふくむ。
出典：「日本のすがた 2021」

日本の土地利用（2018年）

地図記号では
針葉樹林は ∧、広葉樹林は Q と表されます。

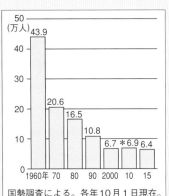

50（万人）
43.9
20.6
16.5
10.8
6.7 *6.9 6.4
1960年 70 80 90 2000 10 15

国勢調査による。各年10月1日現在。1960年は沖縄県をふくまない。
*2010年以降と、それより前とでは産業分類がことなる。
出典：「日本のすがた 2021」

林業で働く人の数

1 世界有数の森林国

　日本は国土面積における森林面積の割合が約66%（3分の2）と非常に高くなっています。気候が温暖で降水量が多いため、木の生育に適し、国土が南北に長いため、森林の種類も多様です。日本古来のくらしの中では、家具をはじめ多くの木が生活で使われてきました。

●針葉樹林と広葉樹林

　針葉樹林（すぎ・ひのき・まつなど）…おもに建築用に利用されます。割合：71.0%

　広葉樹林（なら・ぶな・くぬぎ・しい・かしなど）…家具などに利用されます。割合：29.0%

針葉樹林

広葉樹林

●人工林と天然林

　人工林…苗木を植えて手をかけて育てる森林。木の大きさ・質がそろうので木材生産に適します。割合：41%

　天然林…切ったあとに、自然に木が生えるままにしておいた森林。根がよくはっているので、災害防止、貯水に役立ちます。割合：59%

日本の森林面積（2017年3月31日）（単位　万ha）

	人工林	天然林	合 計*	合計（%）
国　有	229	473	766	30.6
民　有	792	875	1739	69.4
うち公有	133	153	299	12.0
合　計	1020	1348	2505	100.0

林野庁しらべ。*その他をふくむ。　　　出典：「日本のすがた 2021」

② 日本の林業の今

森林面積が広いといっても、日本の林業はさかんではありません。

1 むずかしい林業経営

地形が険しい（国土の約73％が山地）ため、急な斜面が多く開発が困難なのです。

・木材搬出用の林道の整備が遅れています。

　⮕ 林道開発は環境破壊につながります。

・林業を営む林業家のうち約90％が、経営面積10ヘクタール未満と規模が小さいため、林業だけでは生活が苦しくなっています。

　⮕ 山村の過疎化、後継者不足による高齢化が進んでいます。

・値段の安い輸入材に頼っています。輸入依存度はおよそ72％にもおよんでいます。

　⮕ 情報化時代で紙の需要がふえていますが、国内の木材生産が追いついていません（国内の木は若木が多い）。

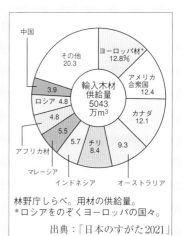

林野庁しらべ。用材の供給量。
＊ロシアをのぞくヨーロッパの国々。

出典：「日本のすがた2021」

日本の木材の輸入先（2017年）

輸入木材供給量　5043万m³
その他 20.3／ヨーロッパ材＊ 12.8%／アメリカ合衆国 12.4／カナダ 12.1／オーストラリア 9.3／インドネシア 8.4／チリ 5.7／マレーシア 5.5／アフリカ材 4.8／ロシア 4.8／中国 3.9

白ろう病

チェーンソーは、とてもはげしい動きをともなう機械です。これを長時間にわたって使いつづけると、手や腕に障害が生じ、手のふるえが止まらなくなったり、血のめぐりが悪くなって指先がろうそくのように白くなったりする白ろう病（振動病）になることがあります。

●林業の仕事はどんなだろう

植林から伐採まで、およそ50〜80年かかります。その間、次のような作業をします。

①植林　⮕　②下草刈り　⮕　③枝うち　⮕

苗木を植えます。

木の成長のじゃまになる雑草を刈り取ります。

下枝を取り除き形をそろえます。

⮕ ④間伐

太陽の光がよくあたるように木々の間隔をあけます。

間伐が終わった杉林

▶ ⑤伐採………チェーンソーという、エンジン式の機械で伐採します。

チェーンソーで伐採

⮕ ⑥木材市場へ出荷

搬出される木材

保安林って知ってる？

人間の生活や活動にとくに役立っている森林を、保安林として国が保護しています。保安林は森林面積の約49％をしめ、森林法によって、切り出しを禁じられたり、制限されたりしています。

おもな保安林

水源かん養林：川への流水を防ぎ、洪水を防ぐ。
防風林：風の害を防ぐ。
防雪林：雪の害を防ぐ。
防潮林：潮、波の害を防ぐ。
防砂林：砂の害を防ぐ。
防火林：火災の害を防ぐ。
風致林：自然の風景を守る。

2　各地の林業

北海道　エゾマツ・トドマツなどの**針葉樹**が豊富で、木材生産高は全国第１位です。**国有林**の割合が多いのも特徴です。

東北地方　青森県の**津軽ひば**（岩木川上流：集散地は弘前市など）や、秋田県の**秋田すぎ**（米代川上流：集散地は能代市・大館市など）などの美林があります。また、**白神山地**（秋田・青森県）には世界最大級の**ブナの原生林**が広がり、「世界自然遺産」に登録されています。

白神山地のブナ（秋田・青森県）

世界最大級のブナの原生林が広がっており、絶滅の恐れのあるイヌワシやクマゲラなど貴重な動物が生息しています。

白神山地のブナ原生林

中部地方　木曽川上流の**木曽ひのき**（集散地は高山市など）や、天竜川流域の**天竜すぎ**（集散地は浜松市など）などの美林があります。

近畿地方　紀伊山地は、昔は「木の国」とよばれたほど、古くから林業がさかんでした。大台ケ原山付近の**尾鷲ひのき**（集散地は尾鷲市など）や、紀ノ川上流の**吉野すぎ**（集散地は和歌山市など）などが美林として有名です。私有林が多いのが特色です。

九州地方　大分県の**日田すぎ**や、宮崎県の**飫肥すぎ**などが美林として知られています。また、鹿児島県の**屋久島**には、樹齢7000年といわれる縄文杉をはじめとする**天然すぎ**が広がっています（屋久島は「世界自然遺産」に登録されています）。

日本の木材生産（単位：千m³）

	2010年	2018年
針葉樹	14789	19462
あかまつ・くろまつ	689	628
すぎ	9049	12532
ひのき	2029	2771
えぞまつ・とどまつ	836	1114
からまつ	1985	2252
その他	201	165
広葉樹	2404	2178
合計	17193	21640

出典：「日本国勢図会2021/22年版」他

３ 森林のはたらきを考えよう

①森林は雨を地下水として地中にたくわえて、少しずつ川に流していくので、川の水量が安定します。⮕ 水資源の確保、土砂崩れ・洪水の防止（**自然のダム**）

②酸素を供給してくれます。⮕ きれいな空気をつくります。

③気温の上昇を防ぎます。⮕ 気候をやわらげてくれます。都会の「ヒートアイランド現象」と比較してみましょう。

●ヒートアイランド現象のしくみ

> まわりの地域より大都市の気温が高くなることをヒートアイランド現象という。都市の熱帯夜を増加させる原因になっている。

> クーラーの廃熱など

> 樹木の不足により気温が低下しない

> 自動車の排気ガスの熱

> 温度の低下をさまたげるコンクリートやアスファルト

④魚のすみかを守ったり、河川に養分を与えて魚がふえるのをたすけます。⮕ 水産資源確保（**魚つき林**）

⑤野生動物のすみかとなります。森林浴やハイキングなどを楽しむレクリエーションの場として「いやし」を与えてくれます。

> **山に木を植える漁師**
> 宮城県の三陸海岸、気仙沼の漁師は、岩手県の山に植林を続けています。森からの栄養分豊かな水で、かきやのりが育つとわかったからです。

 ひとくちメモ

魚を養い育てるための「魚つき林」

　　魚つき林は、海岸や湖岸、川岸など水辺に設けられた魚を養い育てるための森林で、保安林の１つとされています。川岸の魚つき林には、次のような役割があります。

①枝から落ちる虫が魚のえさになる。

②川に落ちた葉に繁殖する虫が魚のえさになる。

③枝が日かげをつくり、夏に水温が上がりすぎるのを防ぐ。

④低木や草の葉におおわれた水辺が、魚のかくれ家になる。

⑤川に落ちた木の幹や枝が、小さいダムとなり、魚が住むよどみをつくる。

⑥森林の地面に葉や草が腐って積み重なった層ができる。その層を通って川に流れ込む雨水には、栄養分が含まれ、魚のえさになるプランクトンを繁殖させる。

2 お魚の話

1 魚と日本人

1 食べる量はすごいゾ

　日本人は世界でも海産物を多く食べる国民といいます。1人1日あたりの魚介類の消費量は127g、これはアメリカの約2.1倍、中国の約1.2倍も食べている計算になります。

　ただし、現在では、日本人の魚を食べる量は年々へってきているといわれています。それは「食の多様化」や「食の洋風化」が関係しているようですが、お肉のほうが手っ取り早く料理できることも理由として考えられるでしょう。

ひとくちメモ

魚の形を覚えよう

　いつも食べている魚は、ほんとうはどんな形をしているのでしょう。魚の名前と形を覚えておくのも大事なことです。

サケ　　マグロ　　タイ

イワシ　　アジ　　イナダ（ブリ）

サンマ　　ホタテ　　ウニ

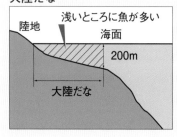

2 水産業のさかんな日本

① 世界有数の漁獲量

　日本は、世界の中で漁獲量の多い国です。魚の種類では**イワシ**が最も多く、サバ・カツオが続いています。日本の漁船は、日本の近海ばかりでなく、世界中に出かけて漁をしています。

ひとくちメモ

殺生の禁をとなえる仏教の影響

　仏教には肉食を禁止する教えがあり、日本では四足動物（中でも牛・馬）を食べる習慣はありませんでした。そのためもあって、日本人は肉をあまり食べず、動物性タンパク質をおもに魚から得てきました。魚を食べる量が多いのもこのことと大いに関係があるでしょう。

どんな魚をいつ食べる？
春……アサリ・ハマグリ・タイ
夏……イカ・カツオ
秋……イワシ・サケ・サンマ
冬……カキ・カニ・ブリ
魚は肉や野菜にくらべて、季節・地域によるちがいが大きいのが特色です。旅行などで別の地方に行くと、自分の住んでいる地域では聞いたこともない魚の名前を目にすることがあります。

大陸だな

陸地　　浅いところに魚が多い
　　　　海面
　　　　200m
　　大陸だな

世界の海で日本漁船がとる魚

日本近海の海流と暖流の魚、寒流の魚

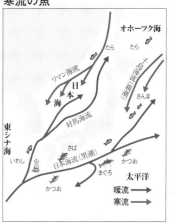

② ゆたかな漁場

　日本近海には、**暖流**（日本海流・対馬海流）と**寒流**（千島海流・リマン海流）が流れ、**潮目**に多くの魚が集まります。東シナ海には**大陸だな**が発達していて、ここも良い漁場となっています。

　　潮目…暖流と寒流がぶつかり、水温や塩分の濃さのちがう海水が出会う場所。ここでは、海流が上下に回って、海底の養分を含んだ土をまきあげ、プランクトンがふえるので、魚が集まります。宮城県の金華山沖が有名です。

　　大陸だな…海岸にそって、深さ200mぐらいまでの浅いところで、たなのように平らになっています。

　　黒潮…日本海流のこと。水温が高く（16℃程度）、塩分が濃く海水の色が黒っぽいため、この名がつきました。

　　親潮…千島海流のこと。千島海流はプランクトンが多く、魚が育ちやすいことから、魚を育てる親という意味で親潮という名がつきました。千島海流にもぐると、プランクトンがちょうど雪のように降ってくるのが見えます。

③ 世界有数の水産物輸入国

　日本は世界有数の漁業国であると同時に、世界有数の水産物輸入国でもあります。魚の種類別に見ると、輸入金額のトップは**エビ**、輸入量（重量）で多いのは**マグロやサケ・マス**です。日本近海であまりとれないエビ・マグロといった値段の高い高級魚は、ほぼ輸入にたよっているのです。

ひとくちメモ　東京港

　東京港は魚介類の扱い量が多い港です。イカ、エビ、マグロなど、魚の大部分が冷凍魚として港につきます。

　輸入される種類としては、アフリカの大西洋側のカナリア諸島付近でとれるイカやマグロ、インドネシア・スペインからはエビ、アメリカやカナダからは数の子・いくらなどが運ばれてきます。

おもな輸入水産物（2019年）

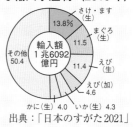

出典：「日本のすがた2021」

ひとくちメモ　マングローブとエビ

　エビの輸入先は、インドや東南アジア諸国で、これらの国はエビの養殖池を造成するため海岸部のマングローブ林を破壊してエビを養殖し、日本に向けて輸出しています。このような事情を知る人たちは、エビの養殖にまゆをひそめています。輸入が急にふえた原因の1つは、各国が排他的経済水域（P.46）から日本漁船をしめだしたことです。このため、かつての大きな水産会社は、現在では水産物の輸入商社に変わっています。

② 魚はどこから

1 さまざまな漁法

はえなわ漁法…一本の長いなわにたくさんのつり糸をつけ、釣り針に冷凍したサンマ・イカ・サバなどのえさをつけて一度にたくさん釣りあげます。はえなわの長さは50〜150kmにもおよび、まきあげ器（ウィンチ）でまきあげます。

トロール漁法・底引き網漁法…海底までの魚をあらいざらいとっていきます。タイ・カレイ・エビ・アジ・スケトウダラ・イカ・タコなど多くの種類の魚がとれます。

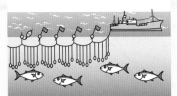
マグロはえなわ

底引き網

棒受け網漁法…夜間、集魚灯をつけて魚をおびきよせ、船のへりからのばした二本の竹の間に網をはっておき、それをすくいあげて魚をとります。三陸沖のサンマ漁が有名です。

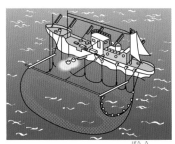
サンマ棒受け網

まき網漁法…魚の群れを、長さ1100〜1200m、深さ250mぐらいもある網で大きくとりまいてから網をしぼり、引き上げていきます。イワシをとるのに最も適しています。

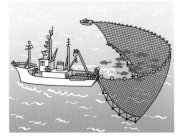
まき網

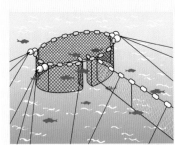
定置網

伝統的な沿岸漁業の漁法

千葉県九十九里浜の地びき網漁や、三重県の志摩半島、千葉県の房総半島などでの海女による漁があります。海女とよばれる人たちが海中にもぐってアワビやサザエをとっています。

カツオ一本釣り

志摩半島での海女漁風景（三重県・志摩市）

2　漁業の種類

	沿岸漁業	沖合漁業	遠洋漁業
漁場	1日で往復できる範囲が中心。日本の200カイリ内（※）		日本の200カイリ外
船	10トン未満	10トン以上	数百トン
日数	1日	数日間	数十日から数カ月
おもな漁法	定置網 小型底引き網 コンブとり イカつり	沖合底引き網 大・中型まき網 （イワシ、サバ） ながし網・サンマ棒受け網	大型トロール 北洋サケ・マス マグロはえなわ 遠洋カツオ一本釣り
規模	個人経営	小規模の会社による共同経営	大企業による大規模経営

（※）200カイリ＝約370km（P.46）

銚子港の水揚げ風景

3　おもな漁場と漁港

　日本近海には大陸だなが広がり、世界四大漁場の1つに数えられています。おおまかにこれらの漁場を分けると、

　①東部太平洋漁場

　　（千島列島〜三陸沖）

　②西部太平洋漁場

　　（四国、九州沖、黒潮にのるカツオやマグロの漁場）

　③東シナ海漁場

　　（日本と中国の間、トロール漁がさかん）

　④日本海漁場

　　（対馬海流とリマン海流が出会う場所）

ということになります。

　日本は海岸線の出入りが多いので、良い漁港（約2900の漁港があります）にめぐまれていますが、そのうち大きな漁港は、太平洋岸に多く集まっています。

日本のおもな漁港

漁港名
水揚げされるおもな魚

稚内
タラ

八戸
スルメイカ、サバ類、マイワシ

釧路
サンマ、マイワシ、タラ

境
アジ類、サバ類、ブリ類

気仙沼
カツオ類、サンマ、サバ類

松浦
サバ類、アジ類

石巻
サケ・マス類、サバ類、マイワシ

銚子
イワシ類、サバ類

焼津
カツオ類、マグロ類、サバ類

枕崎
カツオ類、サバ類

③　日本の水産業の今

1　規模の小さい漁業

　漁業人口は約15万人で、年々減少の一途をたどっています。その原因としては、経営規模が小さいところが多いこと、漁業だけで生活していくことが困難なこと、沿岸漁業が赤潮などによって不振になったことなどがあげられます。

2　へりつづける水揚げ

　漁業にたずさわる人口がへったことなどの影響で、水揚げ高は年々へり、輸入量がふえています。特に遠洋漁業は、200カイリ問題や高い燃料費などのため、漁獲量がへりつづけています。

　日本の漁船は世界の各地で漁をしていますが、日本から見れば遠洋でも、その国の200カイリ内ということが多く、日本は漁業協定を結び、入漁料を払って漁業をしています。

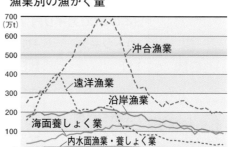

漁業別の漁かく量

農林水産省しらべ。2011年は東日本大震災によってデータを消失した被災地の調査対象は含まない。福島第一原発事故のために出荷制限・自粛が行われたものは含まない。

出典：「日本のすがた2021」

3　「とる漁業」から「育てる漁業」へ

　魚のとりすぎは水産資源を枯渇させてしまいます。人間の手で水産物をふやしながらとるという育てる漁業をしなければなりません。そうした「育てる漁業」として注目されているのが、養殖業と栽培漁業です。

　養殖業…海や湖を網やいけすなどでしきり、その中で大きくなるまで人の手で育てます。

> 御木本幸吉…**真珠の養殖（英虞湾）**
> 和井内貞行…**ひめますの養殖（十和田湖）**

英虞湾の真珠養殖（志摩半島）

瀬戸内海のカキ養殖

養殖業のさかんなところ

　栽培漁業…卵をかえして稚魚に育て、稚魚を海や川に放し、自然のもとで成長した魚をとる漁業です。国の水産総合研究センターや都道府県の栽培漁業センターという研

究施設が、水産資源をふやすことに努力しています。

栽培漁業の代表的な魚種には、サケ、クルマエビなどがあります。

〈栽培漁業のしくみ〉

たまごをかえす　　人工の魚しょう　　魚をとる

岩をしずめる　　人工の岩場

水産研究・教育機構の施設

札幌庁舎
釧路庁舎
新潟庁舎
塩釜庁舎
神栖庁舎
廿日市庁舎
本部
開発調査センター
水産大学校
水産資源研究所
南勢庁舎
清水庁舎
水産技術研究所

養殖業の問題点

高いエサ代…ハマチなどの高級魚を育てるには大量のえさ代が必要です（ハマチ１kgを育てるのに必要なえさはイワシ８kg）。そのため、えさ代がかかって収入を低くしています。

水のよごれ…赤潮などで養殖した魚や貝が全滅してしまうことが新聞、テレビなどで報じられています。滋賀県は、琵琶湖の汚れを防ぐために「富栄養化防止条例」をつくり、リンの入った合成洗剤の使用を禁止しています。

赤潮

水中のチッソ・リンの影響により、プランクトンが異常発生して海面が赤くそまったように見えます。海中の酸素不足などで、魚が大量に死んでしまうこともあります。

赤潮

ひとくちメモ　　発達する漁業技術について調べよう

1　無線電信局

無線：漁船が今どこを通っているか、どこに暗しょうがあってあぶないか、乗組員の健康状態、天気のようすなど、つねに漁港にある基地と連絡をとりあっています。

ファクシミリ：ファクシミリが装備され、船にいながら天気図・漁業場・海況図（海のようすをあらわしたもの）、各地の水揚げのようす、魚の値段などを文字や図・地図として受け取ることができます。

電話・メール：衛星通信を利用して電子メール、電話、データ通信などができます。

レーダー：レーダーを使って船の位置や暗しょうのようす、水路などを正確に知ります。

2　プラスチック船

軽くてじょうぶなプラスチック船は、10トン未満の小型船に使われ、安くて燃料代も節約できます。

3　魚群探知機

海底にむかって超音波を発信し、その反射によって、魚群の位置・数量・大きさ・泳ぐ方向などを調べます。

4　急速冷凍装置

とった魚を、いきのいいまま、すばやく凍らせます。普通はマイナス25℃〜マイナス30℃まで、マグロはマイナス50℃まで下げて凍らせます。この装置があれば、遠くの海まで漁に出かけても新鮮な状態のまま水揚げすることができます。水揚げされた魚はコールドチェーンにより冷凍されたまま運ばれます。

④ 外国との関係

日本は他国の200カイリ水域で魚をとるため、いろいろな国と次のような漁業条約、協定を結んでいます。

日ロ漁業協定…北洋（北太平洋・ベーリング海）のサケ、マス、ニシン、カニについて、毎年ロシアと話し合ってとる量を決めています。

日中漁業協定…東シナ海、黄海での漁業、特にエビをとる量についてのとりきめ。

日米加漁業条約…日本、アメリカ、カナダの漁業条約で西経175度より東のサケ、マス、オヒョウ、ニシンをとることができないとする条約。

日韓漁業協定…東シナ海、黄海の漁業資源を守るために1965年に結ばれ、1998年には日本と大韓民国との間で新しい漁業協定に合意しました。

国際捕鯨取締条約…鯨資源を守るために1946年に結ばれた条約。国際捕鯨委員会（ＩＷＣ）が、とる種類とその数を決めていましたが、国際捕鯨委員会は捕鯨の全面禁止を決定しました。日本は商業捕鯨を中止し、1987年から、条約に違反しない形で調査捕鯨を行っています。

母川国主義

サケのように生まれた川に帰る魚は、その川をもつ国の資源であるという考え方です。これにもとづいて、北太平洋サケ・マス保護条約が結ばれ、北太平洋の公海でのサケ・マス漁が禁止されました。

国連海洋法条約

「海の憲法」とも呼ばれる条約で、1982年に採択され、1994年に発効（日本では1996年7月に発効）しました。領海、排他的経済水域、公海、大陸棚、深海底などについて定めています。（下の「ひとくちメモ」も参照）

200カイリ問題

1974年から、国際的な話し合いの場で領海・経済水域についての検討が行われ、1977年には、日本・アメリカ合衆国・ソ連（現在のロシア）が領海を12カイリ、経済水域を200カイリとし、多くの国がこれにならいました（経済水域とは、領海の外側で沿岸から200カイリ以内の水域です。排他的経済水域ともいい、漁業資源や海底資源は沿岸国に権利があります）。

このため、日本の遠洋漁業は大打撃をうけ、世界の公海（どこの国にも属さない海）は大幅にせばまりました。1カイリは1852m（地球の周囲の$\frac{1}{360}×\frac{1}{60}$）、200カイリは約370kmで、日本は200カイリによって陸地の約12倍にあたる447万㎢の海を管理することになりました。

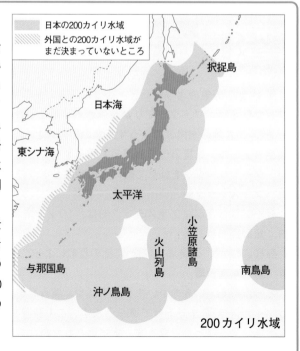

200カイリ水域

5　資源の保護と有効な利用の方法とは

1　魚を守る環境づくり

　海の汚れを防ぐため、工場排水の制限や下水道の設備を整えることが大切です。また、魚をふやすため、魚しょうや、藻場を整えることが大切です。

藻場・干潟のはたらき

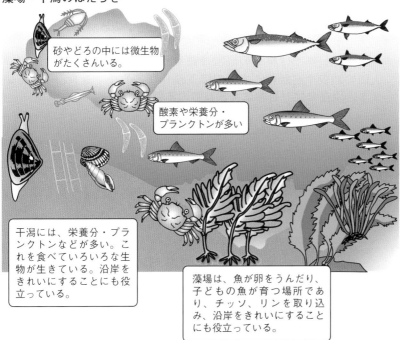

砂やどろの中には微生物がたくさんいる。

酸素や栄養分・プランクトンが多い

干潟には、栄養分・プランクトンなどが多い。これを食べていろいろな生物が生きている。沿岸をきれいにすることにも役立っている。

藻場は、魚が卵をうんだり、子どもの魚が育つ場所であり、チッソ、リンを取り込み、沿岸をきれいにすることにも役立っている。

　　魚しょう…海の中にある岩場のこと。魚が岩かげなどにすみつき、良い漁場となっています。人工魚しょうは、古くなった漁船やコンクリートブロックをしずめたりしてつくられます。強い潮の流れや波をしずめたりもするので、養殖や栽培漁業の漁場づくりにも役立ちます。

2　水産物の上手な利用

　今まであまりとられていない水産資源を活用することも大切です。たとえば、深海魚（約200 m以上の深い海にすむ。水圧の関係で形の変わったものが多く、見た目は悪い）やオキアミ（栄養価がとても高いプランクトンの一種）などがいます。

　　オキアミ…オキアミは、南極海（南氷洋）に多くいて、おもにクジラなどのえさになっています。タンパク質が豊富なので、食用にするため、世界の国々が開発につとめています。

1 日本の森林と林業

1 世界有数の森林国

日本は世界有数の森林国で、国土の約66%が森林です。森林面積の約55%は私有林で、そのうち約半分はすぎやひのきなどの人工林です。

2 日本の林業の今

天然の三大美林：**津軽ひば**（青森県）・**秋田すぎ**（秋田県）・
　　　　　　　　木曽ひのき（長野県）
人工の三大美林：**天竜すぎ**（静岡県）・**尾鷲ひのき**（三重県）・
　　　　　　　　吉野すぎ（奈良県）

現在の日本では林業の経営は難しく、日本の山村のほとんどが人口の減少や高齢化、木材の値下がりなどのなやみをかかえています。現在では、日本は世界有数の**木材輸入国**です。

[木材の輸入先]ヨーロッパ・アメリカ・カナダ・オーストラリア・チリ・インドネシア・マレーシアなど

3 森林のはたらきを考えよう

森林は林業の場としてだけではなく、洪水を防止したり海への養分をはぐくむ場としても注目されています。

2 お魚の話

1 魚と日本人

日本人の魚介類の消費量は多く、漁獲量・輸入量は世界有数をほこっています。

2 魚はどこから

沿岸漁業・沖合漁業・遠洋漁業がありますが、遠洋漁業は**200カイリ規制**を受けて大きな打撃を受けました。

3 日本の水産業の今

「とる漁業」だけでなく、**「育てる漁業」**へのとりくみもなされ、**養殖業**と**栽培漁業**に力が入れられています。

第1部

第3章 日本をかたちづくるもの1

　人々が生活するには物を生産しなければなりません。身の回りにある工業製品に目配りしてみてください。その数の多さにあらためておどろきませんか。

　この章の前半では工業製品にはどのようなものがあり、どこで、どのようにしてつくられているのかを学習しましょう。後半では、古くから伝わる伝統的な技術による工芸品の数々を調べ、その技術、特色と問題点を近代工業と比較しながら学習しましょう。

1 さまざまな工業

1 重化学工業と軽工業

　工業とは、石炭・石油・鉄鉱石などの鉱産資源や農畜産物などを加工して製品をつくる産業です。工場で機械を使って同じ製品を一度に大量に生産する工業を**近代工業**といいます。近代工業は大きく**重化学工業**と**軽工業**に分類されます。

●重化学工業

金属工業
鉄鋼業・アルミニウム工業など

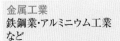

機械工業
一般機械・電気機械・輸送用機械・精密機械

化学工業
石油化学工業が中心です。

●軽工業

食料品工業
缶詰の製造や、工芸作物の加工などをする工業です。工場での作業をいいますから、稲作などの農業やレストランなどは食料品工業といいません。

せんい工業
糸や衣服などをつくる工業です。

よう業
土や鉱物を、かまを使って加熱・加工します。陶磁器・ガラス・セメントなどをつくります。

その他の工業
印刷業、家具、製紙・パルプ工業などがこれにふくまれます。

2 さかんな工業は何工業？

　日本の工業は、第二次世界大戦前はせんい工業を中心とした軽工業がさかんでしたが、1950年代の後半から金属・機械・化学などの重化学工業が発達しました。現在、工業生産高のおよそ70％は重化学工業です。第二次世界大戦後の日本の工業の発展は、この重化学工業の発展によるところが大きいといえます。

　現在では自動車工業をはじめ、コンピュータやその部品である半導体などの**機械工業**（工業製品出荷額の約46％をしめます）が特にさかんです（2018年）。

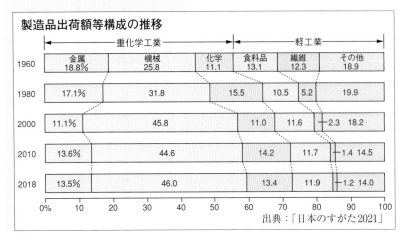

製造品出荷額等構成の推移

	重化学工業			軽工業		
	金属	機械	化学	食料品	繊維	その他
1960	18.8%	25.8	11.1	13.1	12.3	18.9
1980	17.1%	31.8	15.5	10.5	5.2	19.9
2000	11.1%	45.8		11.0	11.6	2.3 18.2
2010	13.6%	44.6		14.2	11.7	1.4 14.5
2018	13.5%	46.0		13.4	11.9	1.2 14.0

0%　10　20　30　40　50　60　70　80　90　100

出典：「日本のすがた2021」

2 重化学工業

1 製鉄——何といっても生活を支えてくれる工業

1 鉄鋼業とは？

　鉄鋼業は、鉄鉱石・鉄くず・石灰石・コークス（石炭）をもとにして、銑鉄・鋼鉄をつくり、できた鉄をもとにしていろいろな鋼材を生産する工業です。かつては「産業の米」といわれました。現在、日本の鉄鋼の生産量は、世界第3位です（2019年）。

主要国の粗鋼生産高の推移

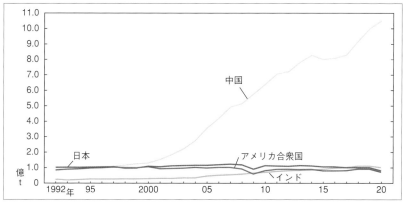

出典：「日本のすがた2021」他

金属工業とは
金属の鉱石から鉄・アルミニウム、銅などの金属を取り出し、板、棒、管、線などに加工する工業です。金属工業でつくられた製品は、主に機械の材料や建築資材になります。

ひとくちメモ

コークス
　コークスは、石炭をこまかくくだいて、炉の中で十数時間蒸し焼きにしたものです。鉄鉱石とともに高炉の中に入れられて、鉄鉱石の鉄分と化合している酸素を除去する役割や、鉄鉱石をとかす役目を果たしています。

2 鉄ができるまで

　鉄鋼は製鉄所でつくられます。いろいろな鋼材をつくるまでの工程には**製銑・製鋼・圧延**の3段階があります。

i) 製銑…鉄鉱石とコークス、石灰石を高炉に入れ、銑鉄をつくる工程です。この銑鉄は炭素分を含みかたくてもろいので、そのままでは製品として使用できません。

ii) 製鋼…銑鉄と鉄くずを合わせて転炉などに入れ、酸素をふきこみ熱し、炭素やその他の不純物を取り除き鋼をつくる工程です。炉から出てきた溶鋼は真っ赤で、どろどろの状態です。これを鋳型に注ぎこんで鋼塊にします。この状態を粗鋼といいます。

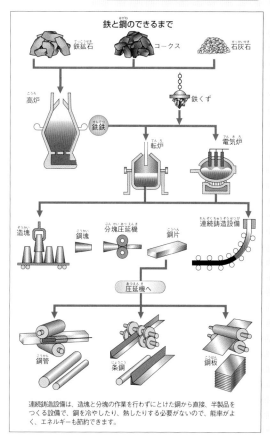

鉄と鋼のできるまで

連続鋳造設備は、造塊と分塊の作業を行わずにとけた鋼から直接、半製品をつくる設備で、鋼を冷やしたり、熱したりする必要がないので、能率がよく、エネルギーも節約できます。

iii) 圧延…鋼塊は赤くどろどろになるまで熱して、ロールの間で圧力を加えてのばします。これが圧延で、圧延機で鋼管・条鋼・鋼板など各種の鋼材が、さまざまな使い道に応じた形につくられます。

　高炉の運転をはじめ、製鉄所では、コンピュータにより自動的に生産できるオートメーションが取り入れられています。特に圧延工場では、いくつもの圧延を連続で行うホット＝ストリップミルとよばれる大型機械が自動的に運転され、幅も厚さも一定のものがつくられています。

新旧の「産業の米」
鉄鋼は、高度経済成長期に、産業の中核となるものという意味で「産業の米」といわれました。現在では、IC（集積回路）が「産業の米」といわれています。

資源の活用
製鉄所では高炉などから出るガスを燃料として発電したり、一度使った水を再利用しています。

3　製鉄所はどんなところにあるか

　鉄鉱石や石炭・鉄くずは外国からの輸入にたよっています。そのため大規模な製鉄所は、原料の輸入に便利な**太平洋側の臨海地域に立地**しています。

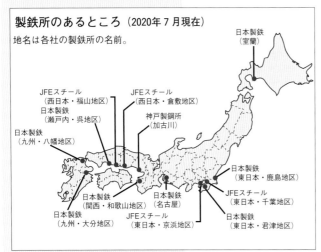

製鉄所のあるところ（2020年7月現在）
地名は各社の製鉄所の名前。

日本製鉄（室蘭）
JFEスチール（西日本・福山地区）
JFEスチール（西日本・倉敷地区）
日本製鉄（瀬戸内・呉地区）
神戸製鋼所（加古川）
日本製鉄（九州・八幡地区）
日本製鉄（東日本・鹿島地区）
日本製鉄（関西・和歌山地区）
JFEスチール（名古屋）
JFEスチール（東日本・千葉地区）
日本製鉄（九州・大分地区）
JFEスチール（東日本・京浜地区）
日本製鉄（東日本・君津地区）

出典：「日本のすがた2021」

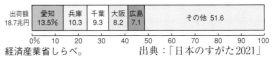

鉄鋼業の府県別工業出荷額わりあい（2018年）

出荷額 18.7兆円	愛知 13.5%	兵庫 10.3	千葉 9.3	大阪 8.2	広島 7.1	その他 51.6

経済産業省しらべ。
出典：「日本のすがた2021」

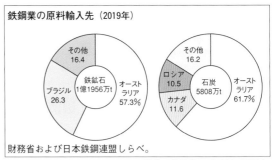

鉄鋼業の原料輸入先（2019年）

鉄鉱石 1億1956万t
オーストラリア 57.3%
ブラジル 26.3
その他 16.4

石炭 5808万t
オーストラリア 61.7%
ロシア 10.5
カナダ 11.6
その他 16.2

財務省および日本鉄鋼連盟しらべ。
出典：「日本のすがた2021」

4　鉄鋼業の問題点とこれから

　経済の成長が低くなって、国内で使う鉄鋼の量が大きくふえることは期待できません。一方、輸出の面でも韓国や中国などアジアの国々の生産の追い上げで厳しい状況をむかえています。こうした状況の中で、設備の廃棄、人員整理などの合理化や、エレクトロニクス、新素材、情報・通信、レジャー・リゾート開発などの新事業分野への進出など、経営の多角化を進めています。

5　いろいろな金属工業

　金属工業には鉄鋼業のほかに銅などをつくる工業や、金属を使ってさまざまな製品をつくる工業があります。わが国では原料の

ひとくちメモ

レアメタル（希少金属）

　ニッケル、コバルト、タングステン、モリブデン、インジウムなどの金属。これらの金属は資源の量が少なく、生産が一部の国にかたよっているため、希少金属ともいいます。レアメタルは、パソコン、携帯電話、液晶テレビなどのハイテク製品の生産には、不可欠なもので、資源に乏しい日本は、需要のほとんどを海外に依存しています。

ほとんどを輸入し、精練を行っています。

●アルミニウム工業

　ボーキサイトを原料とするアルミニウムは、軽くて、腐食しにくく、加工も容易な上、熱や電気の伝導性があります。そのため、飛行機の機体・自動車部品・まどわく（アルミサッシ）・飲料用の缶などに使われています。

　アルミニウムは、製造する工程で大量の電力を消費するため、「電気のかんづめ」とよばれています。わが国では、2度の石油危機（1973年・1979年）をきっかけに電力料金が値上がりして精錬コストが合わなくなり、現在、国内ではほとんど生産していません。

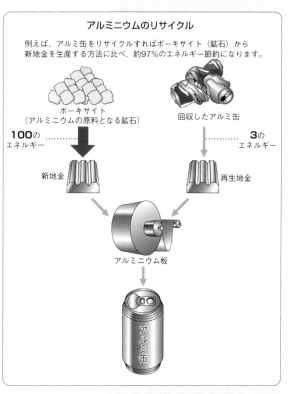

アルミニウムのリサイクル

例えば、アルミ缶をリサイクルすればボーキサイト（鉱石）から新地金を生産する方法に比べ、約97％のエネルギー節約になります。

ボーキサイト（アルミニウムの原料となる鉱石）　回収したアルミ缶
100のエネルギー　　**3**のエネルギー
新地金　　再生地金
アルミニウム板
アルミ缶

アルミ缶とスチール缶

　ジュース類の缶には、アルミ製の缶とスチール製の缶があります。スチール缶は、鉄（鋼）でできた硬い缶で、コーヒーや100％ジュースなどがスチール缶です。一方、アルミ缶はアルミからできているもので、炭酸飲料やビールなどはアルミ缶です。

　最近は、ペットボトルが多く使われるようになり、ジュース類に使われるアルミ缶はへっています。

② 　自動車

1　日本の自動車工業

　鉄道で使われる機関車・電車・客車・貨車などの車両、自動車、船、飛行機などを輸送用機械といいます。その中でも、乗用車・バス・トラックなどを生産する**自動車工業**は、日本経済を支える基幹産業の１つになっています。

　日本の自動車工業は、第二次世界大戦後にさかんになり、めざましく発展しました。その背景には、戦後の商工業のめざましい発達とともに、トラック輸送が急速にのびてきたこと、国民生活の向上で乗用車の利用がふえ、生産台数が大きくのびた

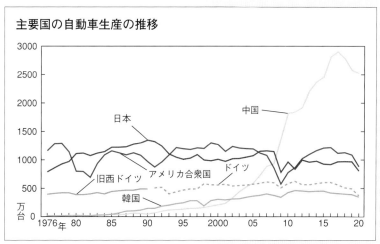

主要国の自動車生産の推移

（グラフ：日本、中国、旧西ドイツ、アメリカ合衆国、ドイツ、韓国）

出典：「日本国勢図会2021/22年版」

ことなどがあります。

　また、多くの注文に応じるために大量生産設備を導入し、生産がふえたために低価格で、しかも性能の良い自動車がつくられるようになり、輸出も大幅にのびたからです。2006年には、日本はアメリカ合衆国をぬいて再び世界第1位の自動車生産国になりました（1994年にアメリカ合衆国に首位の座を明け渡すまで、14年間も世界一の生産を誇っていました）。2009年以降は中国が1位となっています。

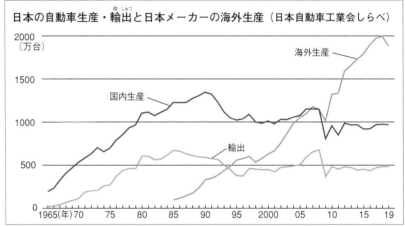

日本の自動車生産・輸出と日本メーカーの海外生産（日本自動車工業会しらべ）

出典：「日本のすがた2021」他

2　自動車生産のしくみ

　1台の自動車には、およそ3万個の部品が使われています。そのため、部品の多くは、**関連工場（協力工場・下請け工場）** へ注文します。自動車工場での作業は、エンジンをつくるちゅう造、ギアなどをつくるたん造、ボディ（車体）やフレーム（車台のわく）などをつくるプレス、それぞれの部品を組み立てる総合組み立てラインの4つに分けられます。これらの作業は、大規模な**流れ作業**と**分業**によって、**産業用ロボット**も利用して、安全ではやく、しかも正確に行われるようになっています。

流れ作業……コンベアにのって品物が動いていく間に、部品を取り付け、完成させる作業の方法。

分業……工場で働く人々がそれぞれの受け持ちを決められ、一人一人が分担する仕事だけを行う生産方法。

関連工場（協力工場・下請け工場）……自動車会社から直接注文を受けて部品をつくる工場と、さらにその工場から細かい部品の注文を受

ひとくちメモ

産業用ロボット

　産業用ロボットは、さまざまな作業を人間にかわって行う機械です。農業・建設・介護・医療・家事など非製造分野への利用が期待されています。最新の産業用ロボットは、さまざまな機械の組み立てを行うほか、人間が作業を行えない高所や水中、機械の内部などで清掃などの作業を行うものもあります。

さまざまな自動車部品

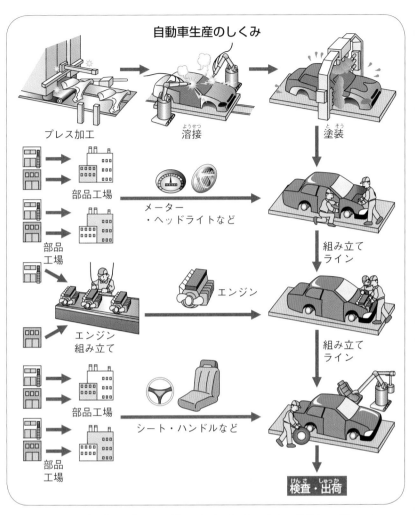

自動車生産のしくみ

プレス加工　溶接　塗装

部品工場

部品工場

メーター・ヘッドライトなど

エンジン

組み立てライン

エンジン組み立て

部品工場

部品工場

シート・ハンドルなど

組み立てライン

検査・出荷

ひとくちメモ

ジャスト・イン・タイム方式

在庫をできるだけ少なくしたい自動車会社では、このシステムによって部品メーカーから必要な部品が必要な数だけ決められた時間に自動車工場に届けられるようにしています。

けて仕事をする工場があります。同じ関連工場でも2〜3人が働く小工場から数千人も働く大工場まで、規模はさまざまです。関連工場では、品質の良い部品をつくり、決まった日時に必要な数量を納めるようにしています。

3 自動車工業の「今」とこれから① ――― 外国との関係

　小型で性能の良い日本の自動車は、1970年代後半からアメリカやヨーロッパ各国などへ大量に輸出されるようになりました。そこで、これらの国々との間で**貿易摩擦**の問題が生じたため、日本の自動車会社は輸出自主規制を行いました。さらに、**現地生産**を行うなどさまざまな努力をしています。

貿易摩擦…各国間の貿易で、輸出入のつり合いがとれなくなると、一方の国は受け取り額がふえ、一方の国は支払い額がふえるため、不公平が生じます。こうした不公平から生じる国際間の問題をいいます。

現地生産…自国で完成させた製品を輸出するのではなく、輸出先（現地）に工場を建設して、製品を生産することで

自動車工場の所在地（2020年3月31日現在）

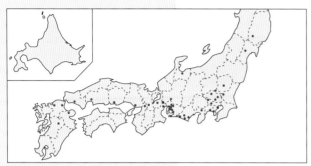

出典：「日本国勢図会2021/22年版」

※豊田市：日本の代表的な自動車工業都市。自動車会社の名前を市名としています。以前は挙母市といいました。

エコカー
エコカーには、燃料電池車、電気自動車、天然ガス車、ハイブリッドカーなどがあり、それぞれ、実用と普及に向けて開発が行われています。ハイブリッドカーは、エンジンとモーターを組み合わせ、環境に有害な物質の排出量をおさえた自動車で、家庭の電源から充電が可能なものもあります。また、電気自動車の動力源として太陽電池パネルを利用したソーラーカーや、ガソリンの代わりにアルコール（メタノール・エタノール）を燃料とする自動車もあります。

タンカー

ブロック建造方式
船の主体を数百個の部品（ブロック）に分け、別々に生産したあとで溶接する方法。日本の造船業は、このブロック建造方式の採用と、鉄鋼業の水準が高く、良質で安い鋼材を使えるという恵まれた条件があったため、世界一の造船国となることができました。

す。現地の材料や部品を使い、現地の人を雇うなど、相手国の産業の発展を考えた生産方法です。

●自動車工場の所在地

　日本の主な自動車工場は、神奈川県、静岡県、愛知県など、関東地方から東海地方に集中しています。

　交通の便利な内陸部や、輸出に便利な臨海部につくられています。

4　自動車工業の「今」とこれから②
急がれる「環境に優しい」自動車の開発

　自動車から排出される窒素酸化物（NOx）や硫黄酸化物（SOx）、二酸化炭素（CO_2）は、地球環境に悪影響を与えることが問題となってきました。

　このような環境問題への対策から、ガソリンをできるだけ使わないエコカーの開発が注目されるようになりました。「エコ」とは環境を英語で「エコロジー」ということからきています。

●燃料電池車

　燃料電池車とは、水素を大気中の酸素と反応させて発生する電気を利用する自動車です。水素と酸素の反応後は水が出るだけで、排気ガスは発生しません。2002年には、日本で世界初の燃料電池車が販売されました。環境に配慮した次世代の車として世界中の自動車メーカーが開発を進めています。

5　造船についても学習しよう

　造船とは船の建造や修理を行う工業のことです。日本は第二次世界大戦後、いち早く造船業を復興し、世界有数の造船国としての地位を保ってきました。これは豊富な労働力や電気溶接・ブロック建造方式などの優れた技術をもち、船のつくり方が合理的・能率的であったため、短期間に安く確実に船をつくることができたからです。

　その後、1970年代の石油危機によって石油タンカー（原油を輸送する専用船）の注文がなくなり、日本の造船業は深刻な危機に直面しました。

　また、1980年代半ばから韓国の造船業が成長して競争がはげ

しくなりました。さらに、2000年代半ばからは、中国の造船業が急成長しました。このため、日本の造船業の経営は苦しくなっています。

　日本の主な造船所は、太平洋や瀬戸内海沿岸に集中し、自動車工場と同様に多くの関連工場があり、ち密な工程で組み立てが行われています。

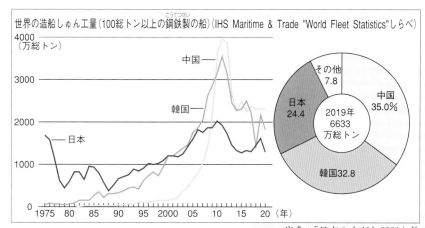

世界の造船しゅん工量(100総トン以上の鋼鉄製の船)(IHS Maritime & Trade "World Fleet Statistics"しらべ)

出典：「日本のすがた2021」他

③ 電気・電子製品

　電気機械には、産業用電気機械と家庭用電気機械とがあります。また、電子（エレクトロン）の働きを利用した製品をつくる工業を**電子工業**といいます。

1 産業用電気機械

　発電機・変圧器・モーター・電気炉などは、工場や発電所で使われる機械です。現在では、大型の電気機械にかわって産業用コンピュータ・通信機器の製造がのびていますが、日本の工業を支える上で、なくてはならない製品です。

2 家庭用電気機械

　テレビや電話機・冷蔵庫などは現在までに多くの家庭に普及したため、生産は一時に比べへっていますが、近年ではパソコン（パーソナルコンピュータ）やデジタルカメラ、ハイビジョンテレビなどの新製品の売れ行きがのびています。また、携帯電

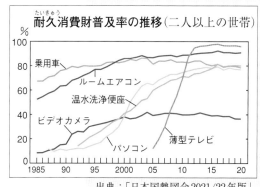

耐久消費財普及率の推移(二人以上の世帯)

出典：「日本国勢図会2021/22年版」

３Ｃと三種の神器

　「三種の神器」といえば、代々の天皇に受けつがれる三種類の宝物（八咫鏡・草薙剣・八尺瓊勾玉）をさしますが、高級な製品を３つセットにしていうことがあります。

　1950年代に「白黒テレビ」「電気冷蔵庫」「電気洗濯機」がこうよばれ、1960年代後半には、「カラーテレビ」「クーラー」「カー（車）」が３Ｃともてはやされました。2000年代には、「DVDレコーダー」「デジタルカメラ」「薄型テレビ」がデジタル三種の神器とよばれたこともあります。

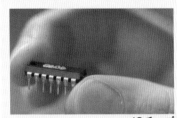
ICチップ

PDA（携帯情報端末）と携帯電話

ICの生産
かつて、日本が世界の約半数を生産していた時期がありましたが、現在では、世界各国との競争が激しくなっています。

半導体の地域別出荷額
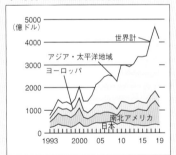
出典：「日本のすがた2021」

半導体工場所在地（2020年現在）
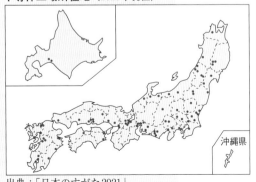
出典：「日本のすがた2021」

話・スマートフォンも急速に普及し、人々の生活様式に大きな変化をもたらしています。

3 電子工業（エレクトロニクス）

● IC（半導体集積回路）

ICは、数ミリ〜十数ミリ四方のシリコンの基板の上に、多くの電子部品を組み込んだ電子回路です。コンピュータをはじめ、家庭用電気機械、産業用電気機械など機械類の多くにICが取り付けられて、多くの情報を記憶したり、複雑な計算をしたりするのに役立っています。ICはあらゆる産業を成り立たせるもとになっているという意味で、新しい「**産業の米**」といわれています。

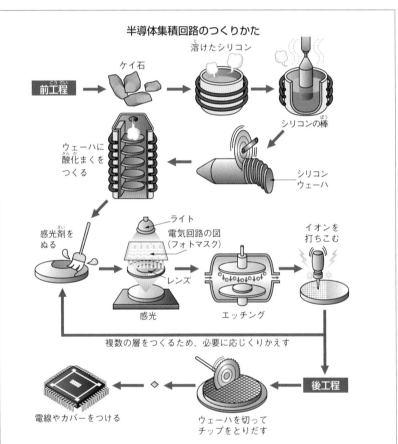
半導体集積回路のつくりかた

「シリコンアイランド」って何？

ひとくちメモ

1960年代後半から、地価の安い九州にIC工場が進出しました。ICは小型で軽く、航空機を利用して安く大量に輸送できるからです。そのため、アメリカ合衆国のカリフォルニア州にある、IC工場の集中地域シリコンバレーの名にちなみ、九州は「シリコンアイランド」とよばれるようになりました。九州地方のIC生産額は、全国の約40%（2020年）をしめています。（シリコンロードは➡P.183を参照）

4　化学工業製品

　天然の素材をもとにつくられる製品に対して、石油や石炭などを化学的に変化させてつくる製品を化学工業製品といいます。化学工業製品の代表はプラスチックです。

　化学工業製品には、医薬品・石けん・化学せんいなどがあります。

●石油化学工業がなければ現代の生活はなりたたない？

　石油や天然ガスを原料にして、化学せんい、合成ゴム、合成樹脂（プラスチック製品）、その他いろいろな製品を生産する工業をひとまとめにして**石油化学工業**といいます。

　石油化学工業のつくり出す製品は種類が多く、しかも製品どうしのつながりが深いため、**石油精製工場**（原油から不純物を取り除き、**ナフサ**などを生産する工場）を中心に、多くの工場が**パイプライン**で結ばれています。このような化学工場の集まりを**石油化学コンビナート**といいます。石油化学コンビナートは装置が大規模なため、広い敷地が得られ、市場に近く、原油の輸入に便利な太平洋側の臨海部の埋立地に立地しています。

さまざまな化学工業製品
生鮮食品・加工食品のパッケージから、日用品にいたるまで、プラスチックはさまざまに使われています。

コンビナート
原料や材料の上で関係の深い工場が集まり、互いに結びついて効率よく生産できるようにしたしくみ。

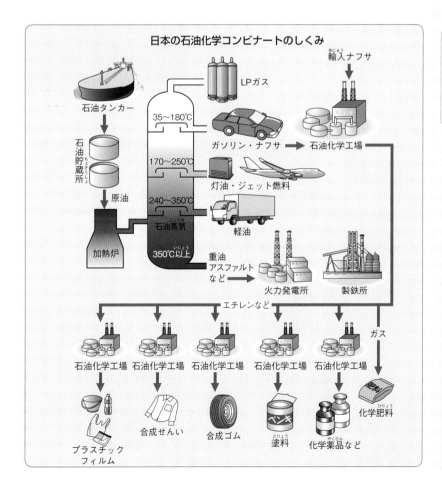

日本の石油化学コンビナートのしくみ

石油タンカー

石油貯蔵所

原油

加熱炉

LPガス

35〜180℃

170〜250℃

240〜350℃

石油蒸気

350℃以上

輸入ナフサ

ガソリン・ナフサ → 石油化学工場

灯油・ジェット燃料

軽油

重油
アスファルト
など →

火力発電所　製鉄所

エチレンなど

石油化学工場　石油化学工場　石油化学工場　石油化学工場　石油化学工場

ガス

プラスチック
フィルム　合成せんい　合成ゴム　塗料　化学薬品など　化学肥料

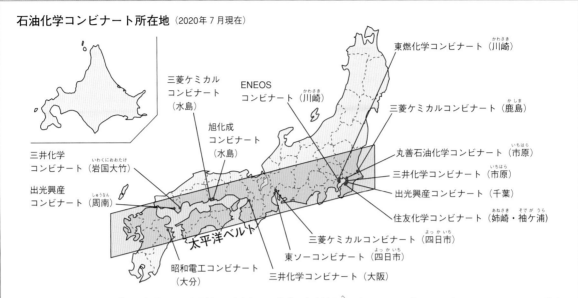

石油化学コンビナート所在地（2020年7月現在）

東燃化学コンビナート（川崎）

三菱ケミカルコンビナート（水島）

ENEOSコンビナート（川崎）

旭化成コンビナート（水島）

三菱ケミカルコンビナート（鹿島）

三井化学コンビナート（岩国大竹）

丸善石油化学コンビナート（市原）

三井化学コンビナート（市原）

出光興産コンビナート（周南）

出光興産コンビナート（千葉）

住友化学コンビナート（姉崎・袖ケ浦）

太平洋ベルト

三菱ケミカルコンビナート（四日市）

東ソーコンビナート（四日市）

昭和電工コンビナート（大分）

三井化学コンビナート（大阪）

石油化学工業協会「石油化学工業の現状」(2020年版) より作成。生産量を減らすために、一部のコンビナートではエチレンの生産を止めていて、ほかのコンビナートからエチレンなどを運んで生産を続けています。地名は原資料表記にしたがいました。

出典：「日本のすがた2021」

石油備蓄基地

1970年代のオイルショックをきっかけに、全国各地に石油の備蓄基地がつくられました。国と民間の施設があり、国では、北海道苫小牧市、青森県六ヶ所村、福岡県北九州市など、民間では、苫小牧市（北海道）、喜入（鹿児島県）、沖縄などに、備蓄量の大きな基地があります。（➡P.91、P.125、P.153を参照）

●輸入原油の中東依存度

原油輸入量のうち、サウジアラビアなど中東地域にたよっている割合を輸入原油の中東依存度といいます。日本の中東依存度は、およそ9割にのぼり、ほかの先進国よりかなり高くなっています。

石油タンク

ひとくちメモ　化学肥料工業も農業にはとても大事なのです

日本で使用される化学肥料は、りゅう安・にょう素・過りん酸石灰・よう成りん肥・塩化カリなどで、最近ではちっ素、りん酸、カリという肥料の三要素を2つ以上含む複合肥料の生産が多くなっています。これらは大きな設備をもつ化学工場でつくられています。

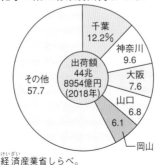

化学工業の府県別出荷わりあい

千葉 12.2%
神奈川 9.6
大阪 7.6
山口 6.8
岡山 6.1
その他 57.7
出荷額 44兆8954億円（2018年）

経済産業省しらべ。

出典：「日本のすがた2021」

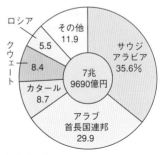

原油の輸入先（2019年）

ロシア 5.5
その他 11.9
サウジアラビア 35.6%
クウェート 8.4
カタール 8.7
アラブ首長国連邦 29.9
7兆9690億円

財務省しらべ。

出典：「日本のすがた2021」

3　軽工業

1　食料品工業

　農産物や水産物などを加工して食料品をつくる食料品工業は、軽工業の中では最も生産額の大きい工業です。生産の中心が大工場ではなく、中小工場である点は、他の工業と異なる特色です。

おもな食料品工業製品の道府県別生産（2019年）

●みそ[1]（2018年）

	千t	%
長　野	215.5	46.3
愛　知	40.3	8.7
北海道	24.3	5.2
群　馬	23.6	5.1
広　島	17.4	3.7
全　国	466.0	100.0

●単式蒸留焼酎[2][3]

	千kL	%
宮　崎	144.3	34.7
鹿児島	108.5	26.1
大　分	76.8	18.5
福　岡	47.4	11.4
沖　縄	14.7	3.5
全　国	415.4	100.0

●飲用牛乳等[4]

	千kL	%
北海道	547.0	15.3
神奈川	291.8	8.2
愛　知	188.9	5.3
茨　城	180.3	5.0
兵　庫	166.1	4.7
全　国	3571.5	100.0

●清酒[2][5]

	千kL	%
兵　庫	96.1	26.3
京　都	65.0	17.8
新　潟	30.7	8.4
埼　玉	14.8	4.1
秋　田	14.0	3.8
全　国	366.0	100.0

農林水産省、経済産業省、国税庁しらべ。全国にはその他をふくみます。1）働く人が4人以上いる工場。2）2019年度。3）古くからある焼酎で、芋やそば、麦など原料の風味が強いものが多いです。4）飲用牛乳等はふつうの牛乳と低脂肪乳など加工乳の合計。乳飲料などはふくみません。5）清酒は合成清酒をふくみません。

出典：「日本のすがた2021」

2　せんい工業

　せんい工業は、糸をつむいだり、衣服などをつくる工業です。衣服に使われるせんいは大きく分けて、自然の材料による「天然せんい」と、人工的につくりだされた「化学せんい」の2つがあります。

●天然せんい

　① 植物性せんい─綿（木綿）、麻など

綿

綿花からせんいを取ります。

麻

茎からせんいを取ります。

> **植物性せんい**
> ・綿─タオル、ハンカチ、シャツなど
> ・麻─夏物衣料、ハンカチなど
> **動物性せんい**
> ・毛─セーター、毛布など
> ・絹─和服、ネクタイ、スカーフなど

メリノ種

ウールマーク

② 動物性せんい—毛（羊毛）、絹

日本に古来あったのは麻と絹でした。絹は身分の高い人の衣料品であり、庶民は麻織物をまとっていました。木綿の生産は、今から500年ほど前から綿の栽培がさかんになり、江戸時代には三河（愛知県）や河内（大阪府）などが、特産地となりました。

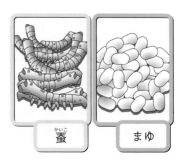
蚕　　まゆ

生糸と絹（シルク）
生糸は、蚕のつくるまゆからとったままの加工していない糸のことです。生糸を織ってつくられた布を絹といいます。

養蚕業—蚕を飼ってそのまゆから生糸（絹）をつくる産業です。産地では、蚕のえさにする桑の栽培が行われます。

化学せんいのいろいろ
合成せんい……石油などを原料としてつくられます。ポリエステル・ナイロンなど。
再生せんい……木材などの天然素材を一度溶かして糸にします。レーヨンなど。
半合成せんい……天然素材に化学品を合成してつくります。アセテートなど。
このほかに、ガラスせんいや炭素せんいがあります。

●化学せんい

化学せんいとは、人工的につくられるせんいのことで、レーヨン・ナイロン・ポリエステルなどが代表的です。多くは**石油**を原料としています。

●日本のせんい工業

第二次世界大戦前には、せんい工業の生産は日本の工業生産全体の6割近くをしめ、輸出品の中心でもありました。しかし、現在までにその地位は大きく低下しています。重化学工業化が進んだこと、外国産の安いせんい製品との競争に勝てないことなどが、その背景にあります。

せんい工業の出荷額わりあい

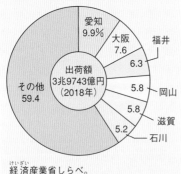

愛知 9.9%
大阪 7.6
福井 6.3
岡山 5.8
滋賀 5.8
石川 5.2
その他 59.4
出荷額 3兆9743億円（2018年）

経済産業省しらべ。
出典：「日本のすがた2021」

せんい生産量のうちわけ

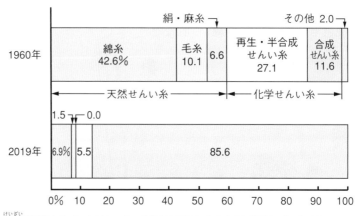

	綿糸	毛糸	絹・麻糸	再生・半合成せんい糸	合成せんい糸	その他
1960年	42.6%	10.1	6.6	27.1	11.6	2.0
	←天然せんい糸→			←化学せんい糸→		
2019年	6.9% 1.5 0.0	5.5		85.6		

経済産業省しらべ。わりあいは、合計が100%になるように調整していません。
出典：「日本のすがた2021」他

せんいの種類も大きくかわり、現在では**化学せんい**が全体の約9割をしめています（2019年）。

日本でせんい生産の多い府県は、次の地域です。

①愛知県・大阪府・岡山県

　古くから木綿（もめん）の栽培が行われていた地域です。

②福井県

　冬の家内工業（かない）として発達しました。羽二重（はぶたえ）という絹織物やビスコース人絹（じんけん）（レーヨン）織物の生産は全国一です（2020年）。

織物（おりもの）の生産量（単位　百万㎡）

	1980	1990	2000	2010	2019	2020
天然せんい織物	2675	2199	799	161	2)136	2)109
綿織物	2202	1765	664	124	109	88
毛織物	294	335	98	32	24	19
絹織物	152	84	33	4	2	1
麻織物	27	16	4	1	…	…
化学せんい織物	4040	3376	1846	822	929	749
再生・半合成せんい織物	882	708	273	92	88	73
合成せんい織物	3159	2668	1573	730	840	676
合　計	1)6737	1)5587	2645	983	2)1064	2)858

経済産業省しらべ。1)その他の織物をふくみます。2)麻織物をふくみません。
出典：「日本のすがた2021」他

●外国産のせんい製品

近年、**中国**をはじめとするアジアの国々で生産された衣服が多く出回っています。これは、中国などが安くて質のよい製品をつくるようになったことなどが関係しています。

③　よう業

よう業は、ガラス・陶磁器・セメントなどをつくる工業です。

「よう（窯）」は、陶器などを焼くかまのことです。

●セメント工業

セメントの原料は石灰石（せっかいせき）です。石灰石は国内ですべてまかなえる資源であり、セメント工業は石灰石の産地近くで発達しています。代表的な工業都市に、埼玉県の秩父市（ちちぶ）や山口県の宇部市（うべ）・周南市などがあります。

化学せんいのできるまで

石油

石油を精製してせんいの元となる化学物質モノマーを取り出します。

モノマー

モノマーをつなぎ合わせて固まりにして、ポリマーをつくります。

ポリマー（高分子）

化学せんい

ポリマーを熱などで溶かし、細いあなのあいた口がねから押し出して、空気で冷やします。

セメント工場所在地

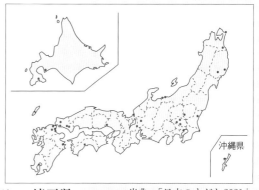

沖縄県

出典：「日本のすがた2021」

4 伝統を習う・使う

① 技の美・伝統工業を味わおう

1 伝統的工芸品とは

　昔から受けつがれてきた技術や技法を使い、簡単な道具と手作業で製品をつくる工業を**伝統工業**といいます。それによって生産された製品を**伝統的工芸品**とよんでいます。

2 伝統工業の特色

①手工業による製品…一つ一つ手づくりでつくるため、機械による大量生産の製品にはない独特の味わいがあります。

②芸術性が高い製品…熟練した職人の技による芸術的な作品といえます。

③日常生活に使われるもの…実用性に富む日常の生活用具が多くなっています。

④伝統的な原材料と技術…昔ながらの技術を生かしてつくられ、原材料も昔ながらの天然のものを使います。

木工品

木工品（木曽のお六櫛）

筆

うちわ

職　人

地理おもしろ知識

　大工場のなかった昔は、品物をつくる仕事は、個人の家の仕事場で行われていました。家に住み込んでいる弟子やその家に通って来る人を使って仕事をしている場合もあります。このような場合、主人のことを親方といい、使われている人を職人といいます。一人前の職人になるために、何年もの長い間、親方のもとで修業を重ねて、すぐれた技術を身につけました。また、立派な品物をつくらなければ、その職人の不名誉にもなります。ですから職人は、身につけた技術を誇りにして、生産に励んだのです。

3　さまざまな伝統的工芸品

①陶磁器…一般に「焼き物」とよばれるもので、茶わん・皿・湯のみ・きゅうす・どんぶりなどの食器や、花びんなどがあります。

陶器は土（粘土）から、磁器は石（石をくだいて粘土にしたもの）からできています。

焼き物

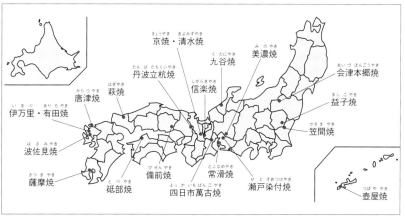

出典：「日本のすがた2021」

焼き物ができるまで

陶土をほる → 粘土をつくる → 焼き物の形をつくる → 焼いたあと薬をかけ、本焼きする → 焼き物に絵を付ける → 仕上げのかまで焼く

□ 生地工場　　▨ 絵付け工場

焼き物の形をつくる

絵や模様をつける

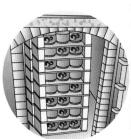
かまで焼く

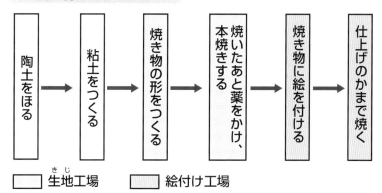
焼き物（萩焼）

有田焼・伊万里焼
16世紀の終わりごろ、豊臣秀吉が朝鮮に侵略して帰国するときに、佐賀藩主の鍋島直茂は朝鮮の陶工をたくさんつれて帰り、そのうちの李参平の手によって始められたといわれています。酒井田柿右衛門は赤絵付けに成功して金・銀の上絵付けも完成し、伊万里の港から日本国内はもとよりヨーロッパまで輸出されました。このため、有田焼は伊万里焼ともよばれています。

瀬戸焼
愛知県北部の瀬戸市から岐阜県の多治見市にかけては、平安時代に始まる日本でも最も古い焼き物の産地で、陶器のことが「せともの」といわれるほど有名です。鎌倉時代に、加藤景正が僧の道元にしたがって中国に渡り、技術を学び、うわ薬のかかった陶器（瀬戸物）をつくったといわれます。

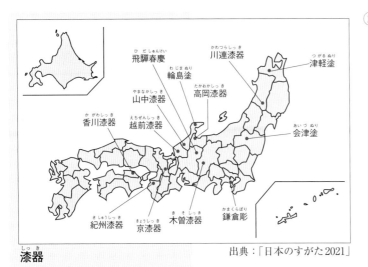

出典：「日本のすがた2021」

漆器

②漆器…うるしをぬったぬり物をいい、おわん・おぼん・重箱・はしなどがあります。木のおわんにうるしをぬると、水をはじき、木地を守ることができます。うるしは乾燥すると、かたくなり、はげにくいので、おわんが長持ちします。また、美しいつやがあります。漆器の産地は、うるしの木が多くて、湿度の高いところがむいています。

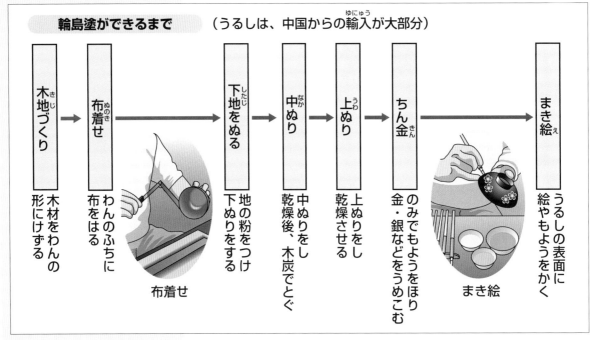

輪島塗ができるまで　（うるしは、中国からの輸入が大部分）

木地づくり　木材をわんの形にけずる → 布着せ　わんのふちに布をはる → 下地をぬる　地の粉をつけ下ぬりをする（布着せ） → 中ぬり　中ぬりをし乾燥後、木炭でとぐ → 上ぬり　上ぬりをし乾燥させる → ちん金　のみでもようをほり金・銀などをうめこむ（まき絵）→ まき絵　うるしの表面に絵やもようをかく

③染め物

友禅染　江戸時代から伝わる伝統的な染めの技による着物。独特の技法で美しい絵柄や模様を表現します。はなやかな京友禅、落ち着いた5色で染める加賀友禅、さっぱりとした色使いの江戸友禅があります。

絞り　絞り染めとは、糸で布をくくることで、その部分が染まらないようにする技法です。京絞りなどが有名です。

紅型　沖縄に伝わる染めの技術です。1枚の型紙だけを使って、鮮やかな色やきれいな模様を出します。

④織物

つむぎ　まゆをひきのばすなどしてつむいだ糸で織った布や着物です。茨城県・栃木県の結城つむぎや鹿児島県の大島つむぎ、新潟県の塩沢つむぎなどがあります。

ぬり物

織物・染めものなど

出典：「日本のすがた2021」

ひとくちメモ

宮崎友禅斎

「友禅染」の友禅とは、江戸時代に友禅染を発案した宮崎友禅斎という人の名前からきています。

ちぢみ　たて・よこ2種類の糸を織りこんだあと、これをお湯につけてちぢませ、表面に小さなでこぼこをつけた麻織物です。感触はさらさらとしてたいへん涼しく、夏の着物として多くの人に愛され続けています。新潟県小千谷市の「小千谷ちぢみ」が有名です。

ちりめん　一面に細かいしぼ（凸凹）のある絹織物の高級品です。ヨリのない生糸と強くヨリをかけた生糸をたて・よこ交互に織り合わせ、これを石鹸液などで煮てちぢませると、布の表面に細かいしわができてやわらかい感じの織物に仕上がります。京都の丹後地方でつくられる丹後ちりめんなどが有名です。

羽二重　ヨリのない生糸をたて・よこ交互に織り合わせてつくられます。肌ざわりがよく、つやのある高級品です。北陸地方の福井県や石川県で古くからつくられてきました。

かすり　ところどころを染めずに白く残した糸を織り合わせ、かすれたような柄を出した織物（おもに綿織物）です。福岡県の久留米がすりや、沖縄県の琉球かすりなどが知られています。

⑤**文房具**…和紙・すずり・そろばんなどがあります。

⑥**その他**…金属製品（鋳物・刃物・仏壇・仏具など）・木工品（家具・木彫り）・人形など。

その他のおもな伝統的工芸品　　出典：「日本のすがた2021」

4　伝統工業が消えてしまう？

① 小規模経営……手づくりのため、大量生産ができません。そのため、値段が高いものが多く、大量には出荷されません。

② 後継者の不足……焼き物をつくる場合など、「ろくろ10年、絵つけ7年」といわれるように、伝統の技術を習得するには、長い年月がかかるため、あとをつぐ若い人が少なくなっています。その一方、職人の高齢化が進んでいます。

③ 原材料の不足……原材料が近くで取れなくなったり、不足したりして、伝統的工芸品の生産がへっているところもあります。特に、うるしや生糸などは、その多くを中国からの輸入にたよっています。

④ 需要ののび悩み……高級な絹織物や綿織物より、化学せんい織物になれ親しんでいるため、化学せんいの方が需要がのびています。

　このままでは長い歴史を持つ伝統工業の中には姿を消してしまうものも出てくるでしょう。そこで国は、伝統工業の技術を守り、技術者を育成し、発展させるために、1974年から優れた製品を伝統的工芸品に指定して、保護していくことにしました。

● 『伝統的工芸品産業の振興に関する法律』（1974年制定）

　この法律にもとづいて、全国各地でつくられている伝統工芸品のうち、次の6つの条件を満たしているものを「伝統的工芸品」として、経済産業大臣が指定しています。これらの工芸品には左のような伝統証紙（伝統マーク）がつけられます。現在、全国で約230品目が国の伝統的工芸品に指定されています。

i)　工芸品であること

ii)　日常のくらしに役立つもの

iii)　おもな部分が手でつくられたもの

iv)　伝統的技術・技法によって製造するもの

v)　伝統的に使われてきた原材料を用いるもの

vi)　一定の地域である程度の数の人が、その工芸品の製造に従事していること

都道府県や市町村でも、研修所をつくって後継者の育成に力を入れているところがあります。

伝統工芸士

　経済産業大臣指定の伝統的工芸品を製造する技術者の中でも、高い技術を持つ人は「伝統工芸士」に認定されます。12年以上の経験を持ち、実技試験・筆記試験にパスすることが必要で、認定者は後継者の育成や講習会での講師としての仕事をします。

伝統証紙

5　各地の伝統的工芸品

　各地域には、昔からその地方独特の伝統工芸が根づいています。以下にあげる製品は、異なった気候、風土の中で、祖先が知恵をしぼってみがきをかけてきた代表的な製品です。

南部鉄器

●全国各地のおもな伝統的工芸品

【北海道】　二風谷アットゥシ／二風谷イタ

【青森県】　津軽塗（弘前）

【岩手県】　南部鉄器（盛岡・奥州）／秀衡塗（平泉町）

【宮城県】　宮城伝統こけし（大崎）

【秋田県】　大館曲げわっぱ（大館）

【山形県】　置賜つむぎ（米沢）／天童将棋駒（天童）

【福島県】　会津塗（会津若松）

会津塗

【茨城県】　結城つむぎ（結城）

【栃木県】　結城つむぎ（小山）／益子焼（益子町）

【群馬県】　桐生織（桐生）／伊勢崎がすり（伊勢崎）

【埼玉県】　江戸木目込人形（さいたま）

【千葉県】　房州うちわ（館山・南房総）

【東京都】　本場黄八丈（八丈町）

甲州水晶貴石細工

【神奈川県】　鎌倉彫（鎌倉）

【新潟県】　小千谷ちぢみ（小千谷）／十日町がすり（十日町）

【富山県】　高岡銅器（高岡）

【石川県】　九谷焼（能美）／輪島塗（輪島）／加賀友禅（金沢）

【福井県】　越前和紙（越前）／越前漆器（鯖江）

【山梨県】　甲州水晶貴石細工（甲府）

伊賀くみひも

【長野県】　木曽漆器（塩尻）

【静岡県】　駿河ひな人形（静岡・焼津）

【愛知県】　常滑焼（常滑）／瀬戸染付焼（瀬戸）

【岐阜県】　美濃焼（多治見・土岐）／飛騨春慶（高山）／美濃和紙（美濃）

信楽焼

【三重県】　四日市萬古焼（四日市）／伊賀くみひも（伊賀）

【滋賀県】　信楽焼（甲賀）

【京都府】　西陣織、京友禅、京焼・清水焼、京扇子（京都ほか）／京漆器（京都）／京うちわ（京都・南丹）／京人形（京都・宇治・亀岡）

【大阪府】　堺打刃物（堺・大阪）

京うちわ

砥部焼

【奈良県】 奈良筆（奈良・大和郡山）

【兵庫県】 播州 そろばん（小野）

【和歌山県】 紀州 漆器（海南）

【鳥取県】 因州 和紙（鳥取）

【島根県】 雲州 そろばん（奥出雲町）

【岡山県】 備前焼（備前）

【広島県】 熊野筆（熊野町）／福山琴（福山）

【山口県】 赤間すずり（宇部）／萩焼（萩）

【徳島県】 阿波 正藍しじら織（徳島）

【香川県】 丸亀うちわ（丸亀）

【愛媛県】 砥部焼（砥部町）

【高知県】 土佐和紙（高知ほか）

【福岡県】 博多織、博多人形（福岡）／久留米がすり（久留米）

【佐賀県】 伊万里・有田焼（伊万里・有田町）／唐津焼（唐津）

【長崎県】 波佐見焼（波佐見町）

【大分県】 別府竹細工（別府）

【宮崎県】 本場大島つむぎ（都城）

【鹿児島県】 本場大島つむぎ（奄美）

【沖縄県】 琉球びんがた（那覇）／壺屋焼（那覇）／

琉球かすり（南風原町）

この章のまとめ

1　さまざまな工業

重化学工業と軽工業。現在の日本は機械工業を中心に重化学工業がさかんです。

2　重化学工業

1　製鉄

鉄の原料は鉄鉱石・コークス・石灰石。製鉄所は原料の輸入に便利な太平洋側の臨海部に集まっています。

2　自動車

日本の自動車生産は世界第３位（2019年）。生産は流れ作業と分業で行われます。外国との貿易摩擦や環境にやさしい自動車の開発が課題です。

3　電気・電子製品

ICは「産業の米」。

4　化学工業製品

石油化学工業では、石油化学コンビナートという工場群で生産が行われています。

3　軽工業

せんいには、綿・麻・羊毛・絹などの**天然せんい**と、ナイロン・ポリエステルなどの**化学せんい**があります。現在では、化学せんいの生産が天然せんいの生産を大きく上回っています。

せんい製品の生産が多い府県―愛知県・大阪府・岡山県など。

現在では、**中国**をはじめとする**外国産のせんい製品**が多く出回っています。

4　伝統を習う・使う

1　技の美・伝統工業を味わおう

日本の各地には、昔から受けつがれた技術によって**伝統工業**が行われ、さまざまな**伝統的工芸品**が生産されてきました。

おもな伝統的工芸品には**伝統マーク**をデザインした**伝統証紙**をはることが認められています（約230品目）。

伝統証紙

［各地の伝統的工芸品］

将棋駒（天童）
輪島塗（輪島）
加賀友禅（金沢）
南部鉄器（盛岡）
有田焼（有田）
雲州そろばん（奥出雲）
益子焼（益子）
熊野筆（熊野）
美濃焼（多治見）

メモ

第1部

4

第4章 日本をかたちづくるもの2

各地の工業地帯・地域を学び、どこで何がつくられているのか学習しましょう。また、近代日本の工業がどのように発展したかを学びます。工業の発展によりおこる、いろいろな問題点を考えましょう。

1 工業のさかんな地域①
————工業地帯

日本ではどこで何をつくっているのだろう。この章ではどのような製品がどこでつくられているのか、日本全体に目配りして学習しましょう。

1 太平洋ベルト

日本の工業はどこに集中しているのでしょうか。日本で工業がさかんな地域、それは関東地方南部から東海・近畿（きんき）・瀬戸内・北九州にかけての**「太平洋ベルト」**とよばれる地域です。この地域には、明治時代から大都市を中心に大工場が集まって大きな工業地帯がつくられてきましたが、1960年ごろからはそれぞれの工業地帯を結ぶ間の地域でも工業が発展し、関東から九州まで、工業がさかんな地域が帯（おび）のように長く連（つら）なる形で発展してきました。

太平洋ベルトには19の都府県がふくまれ、その長さは東海道・山陽新幹線とほぼ同じです。現在、太平洋ベルトには日本の人口の約60％が集中し、日本全体の工業生産額のおよそ3分の2がこの地域で生産されています。

太平洋ベルト

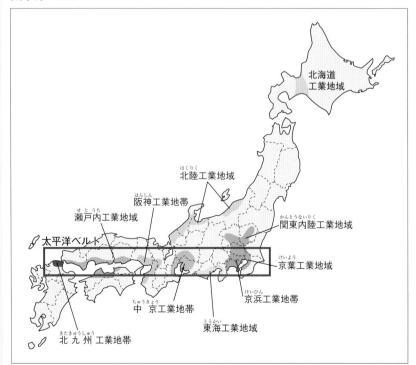

ひとくちメモ

工業地帯と工業地域

「工業地帯」とは工業のさかんな地域が帯のように連続しているところをいい、「工業地域」とは工業生産が地域の中心となっているところをいいます。しかし実際には、明治時代から工業が発達してきた京浜・中京・阪神・北九州の4つを「工業地帯」、その後新しく発達したところを「工業地域」とよんでいます。

東海道メガロポリス
東京から神戸付近まで、東海道にそって続く大都市地域のことをいいます。人口や産業が集中し、太平洋ベルトの中核になっています。

工業をさかんにするにはどうすればいいのだろう

　工業には、発達するのに適した一定の条件が必要です。次のような条件を多く満たしているところに工業地帯・工業地域が開けてきました。

●自然的な条件

　◆広い**工業用地**を手に入れやすいこと

　◆工業に使う**水**を手に入れやすいこと

　◆**原料**を手に入れるのに便利なこと

　◆**電力**や**燃料**を手に入れやすいこと

　◆**気候**が工業に適していること

●社会的な条件

　◆**働き手**が多く集まっていること

　◆大都市などの**消費地が近くにある**こと

　◆**交通が便利**なこと

　◆工場を建設する**資金**が得やすいこと

　◆**技術が進んでいる**こと

　◆国などが工業発展の手助けをしていること

② 工業地帯

　京浜・**中京**・**阪神**・**北九州**の4つの工業地帯は、明治時代から大正時代にかけて多くの工場が集まって形成された工業地帯です。これらの工業地帯はいずれも、海に近く、交通が便利で働き手も得やすいなどの条件をクリアしていたために工業が発達し、あわせて「四大工業地帯」とよばれてきました。現在は、第二次世界大戦後に新しくできた工業地域の生産が北九州工業地帯を上回るようになったため、京浜・中京・阪神の3つをあわせて「**三大工業地帯**」とよぶこともあります。

1　京浜工業地帯

　東京の「京」と横浜の「浜」で**京浜工業地帯**です。ですから範囲はだいたい東京都と神奈川県です。中心都市は**東京**・**川崎市**・**横浜市**です。

　東京は日本の首都、政治・文化の中心であることから、次のような有利な条件がととのっています。

●労働力が豊かである。

●大消費地をひかえている。

●交通が発達している。

●工業製品を販売する会社などが集まっている。

　重化学工業がさかんで、中でも**機械工業**の割合が高く、全工業生産のおよそ**50%**をしめています。また、東京が日本の政治・文化の中心であることから**出版社が集中し、印刷業**がさかんで

浅野総一郎と京浜工業地帯

　浅野総一郎は富山の医師の家に生まれ、1871（明治4）年に上京しました。1883（明治16）年には深川にあった官営セメント工場を借り受け、実業家としての第一歩をふみだしました。その後、東京一横浜間の浅い海に運河を掘り、工業用地をつくるため、川崎と横浜の鶴見の間の埋め立て工事を行いました。造成された用地に、大工場が建設され、京浜の臨海部の大工業地帯が形成されました。

ウォーターフロント

もとは「水辺の地域」という意味ですが、現在は、新たな都市開発区域となる臨海、港湾地域の意味で使われます。東京では、台場・有明・豊洲などの地域で、文化・商業施設や高層住宅の開発などが進んでいます。

京浜工業地帯

あることも大きな特色です。

●おもな工業都市はどこ？

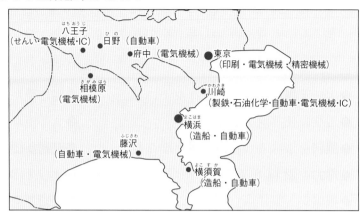

製造品出荷額等の構成（2018年）

金属 8.9%	機械 49.3	化学 18.0	食料品 10.9	その他 12.5

重化学工業／軽工業　せんい 0.4

出典：「日本国勢図会2021/22年版」

〔東京湾の臨海（西側）地域〕

●東京－印刷、電気機械、精密機械

　　印刷業が特にさかんなのは東京都心部の**新宿区・北区・板橋区・文京区**など。

●川崎－製鉄・石油化学・自動車・電気機械・IC

●横浜・横須賀－自動車・造船

　近年、この地域では用地や労働者の不足などが原因で工場を郊外、あるいは安い労働力の得られる海外に移転する会社もめだってきました。工場や倉庫のあと地には研究所が建てられたり、再開発が進められたりしています。

〔内陸部〕

●府中－電気機械　　●日野－自動車

●八王子－せんい（ネクタイ）・電気機械・IC

●相模原－電気機械　　●藤沢－自動車・電気機械

2　中京工業地帯

　名古屋市を中心に、**愛知・岐阜・三重**の3県にまたがる工業地帯です。**東名高速道路**や**名神高速道路**をはじめとする交通機関が発達していること、木曽川など河川が多く工業用水にめぐまれていること、それらの河川上流の中央高地で行われる水力発電の電力を利用できることなど、有利な条件がそろって発達しました。

工業生産額では京浜・阪神をぬき、現在**日本一の工業地帯**です。工業の生産額では**機械工業**の割合が大きい（全出荷額の**60％以上**をしめます）ことが特色ですが、工業の種類別に地域的な特色が見られます。

●おもな工業都市はどこ？

製造品出荷額等の構成（2018年）

重化学工業			軽工業		
金属 9.6%	機械 69.1		化学 6.4	金属 4.6	その他 9.6

せんい 0.7

0% 10 20 30 40 50 60 70 80 90 100

出典：「日本国勢図会2021/22年版」

〔伊勢湾・三河湾の臨海地域〕 重化学工業が中心です。

- 名古屋 － 自動車・機械
- 東海 － 製鉄
- 四日市 － 石油化学
- 鈴鹿 － 自動車
- 津 － 造船
- 田原 － 自動車
- 豊橋 － 綿織物
- 亀山 － 液晶パネル

臨海部に製鉄所や石油化学コンビナートなど、公害の発生源となる工場がきそって進出したため、大気汚染や水質汚濁、地盤沈下などの問題をかかえるようになりました。特に四日市市では、大気汚染が原因で多くのぜんそく患者が出ました（現在では各地区・企業の公害防止努力によって、改善されてきています）。また、伊勢湾沿岸の「ゼロメートル地帯」の地盤沈下も問題となっており、水害に悩む地区もあります。

ひとくちメモ

瀬戸の粘土

陶土に使われる粘土はカコウ岩が風化してできたもの。中でも「白もの」といわれる磁器用粘土の評価は高く、多治見、土岐、常滑などの近隣の陶磁器産地や九谷、清水などの全国の産地に出荷されています。

ひとくちメモ

ゼロメートル地帯

標高が満潮時の海水面よりも低い地域をいいます。日本では、東京湾・伊勢湾・大阪湾の沿岸にあり、水害や地盤沈下などへの対策が求められます。伊勢湾地域では、古くから輪中とよばれる堤防に囲まれた集落があります。

〔内陸部〕
- ●豊田・岡崎－自動車
- ●一宮・津島・岐阜・大垣・羽島－毛織物

この地域は日本最大の毛織物工業地域です。
- ●岡崎－綿織物

古くから三河木綿の産地で、現在でもわが国有数の綿織物工業地域です。
- ●瀬戸・多治見・土岐－陶磁器

瀬戸で生産される陶磁器の半分近くは、名古屋港から世界中に積み出される輸出品で、アメリカをはじめ、ヨーロッパ・アジア各国に輸出されています（陶磁器では、常滑焼や四日市萬古焼なども知られています）。

3　阪神工業地帯

大阪の「阪」と神戸の「神」で阪神工業地帯、範囲は大阪府と兵庫県です。

明治時代に建設された大阪の大規模な紡績工場を中心に発展しました。第二次世界大戦前はせんい、日用雑貨、食料品などの軽工業を中心とした日本第一の工業地帯でしたが、現在は中京工業地帯に次いで、第2位の工業地帯となっています。

さまざまな種類の工業がバランスよく発達している**総合工業地帯**です。軽工業、特に雑貨工業がさかんで、**中小工場が多いのが**特色です。古くから**せんい工業**もさかんで、現在でも他の工業地帯に比べ、せんい工業の割合が高くなっています。

●**おもな工業都市はどこ？**

ファインセラミックス

代表的な有人宇宙船として活躍した「スペースシャトル」は、大気圏に突入する際に1250度を超える高温にさらされます。熱から機体を保護する素材として、ファインセラミックスが使用されました。これには日本の伝統的な焼き物の技術が応用され、炭化ケイ素やアルミナなどを原料にし高度な製造技術から生産されています。非金属無機素材といわれ、人工骨やエンジンの一部など、さまざまな分野で活用されています。

東洋のマンチェスター

第二次世界大戦前は日本一（＝東洋一）の工業地域だった大阪は、イギリス産業革命の中心都市であったマンチェスターになぞらえて、こうよばれました。

ポートアイランド／六甲アイランド

2つとも、神戸港の沖につくられた人工島です。ポートアイランドは、完成した1981年に「ポートピア'81」博覧会が開かれ、多くの文化施設がつくられました。六甲アイランドは、住宅を主体にした開発が行われています。また、2006年には、ポートアイランドの南の人工島に、神戸空港が開港しました。

製造品出荷額等の構成（2018年）

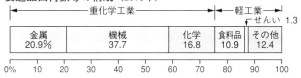

金属 20.9%	機械 37.7	化学 16.8	食料品 10.9	その他 12.4

重化学工業 ← → 軽工業　せんい 1.3

0%　10　20　30　40　50　60　70　80　90　100

出典：「日本国勢図会2021/22年版」

〔大阪湾沿岸〕

●大阪－石油化学・医薬品・食料品・雑貨

●堺（さかい）－液晶パネル・化学

●尼崎（あまがさき）－金属製品

●神戸－造船・食料品　●西宮（にしのみや）－清酒（灘（なだ）の清酒（せいしゅ））

●泉佐野（いずみさの）・岸和田（きしわだ）・貝塚（かいづか）－綿織物（タオルなど）

●泉大津（いずみおおつ）－毛織物（毛布）

〔内陸部〕

●門真（かどま）・守口（もりぐち）・高槻（たかつき）・茨木（いばらき）（淀川（よどがわ）沿い）－電気機械

●吹田（すいた）－ビール

●東大阪－ミシン・セルロイド・ゴムなど（中小工場の多いのが特色です）

ひとくちメモ

堺－鉄砲と自転車

　大阪府堺市。中世の自治都市として知られる町ですが、古墳時代から、すぐれた鉄の加工技術をもっていました。その技術をいかして、戦国時代には刀や鉄砲がつくられました。

　現在、その金属加工の技術は、自転車産業に用いられ「自転車の街」としても発展しています。

阪神工業地帯の拡大の歴史について考えてみよう

　阪神工業地帯では地下水のくみ上げによる地盤沈下や大気汚染、工業用地や用水の不足などで、生産をふやすことは難（むずか）しくなっており、生産はのびなやんでいます。現在、新しい産業・情報社会のために多くの試みが各地で始められているとともに、工業地帯は周辺の地域にのびています。

①播磨（はりま）工業地域

　1960年代以後、兵庫県の播磨灘沿岸に広い埋め立て地がつくられ、鉄鋼や化学の大工場がたちならぶようになりました。姫路（ひめじ）・加古川（かこがわ）の製鉄、たつののしょう油などが有名です。

②琵琶湖沿岸

　大津を中心に電子工業（IC）が行われています。また、野洲（やす）ではIC、名神高速道路沿いの栗東（りっとう）地区には工業団地がつくられ、機械や食料品工場が進出しています。

③和歌山県内

　大工場が大阪湾沿岸に沿って和歌山市の方までのび、和歌山市で鉄鋼業が行われています。

4　北九州工業地帯

　北九州市を中心とする工業地帯です。北九州工業地帯は、近くの筑豊炭田（ちくほうたんでん）と、中国から輸入した鉄鉱石や石炭を利用して1901年に国営として運転を開始した**八幡製鉄所**（やはたせいてつじょ）を中心に発展しました。しかし、第二次世界大戦後は中国からの輸入がとだえ、1960年代には石炭から石油へのエネルギー革命（かくめい）が起こった結果、もともと大消費地から遠いこともあって工業生産は低下しました。

北九州工業地帯の立地
関門海峡から洞海湾（どうかい）の周辺に位置しています。遠賀川（おんが）からも近く、九州内の石炭輸送や、中国からの鉄鉱石の輸入に有利な立地として、重化学工業が発達しました。

北九州市

1963年に、門司・小倉・戸畑・八幡・若松の5市が合併して、全国で6番目の政令指定都市「北九州市」が誕生しました。

鉄鋼業に代表される素材型の重化学工業が中心で、そのため大工場が多く集まっています。セメント・ガラス・耐火レンガなどのよう業や、製粉・製糖・ビールなどの食料品工業もさかんです。近年は、IC工場や自動車工場などが進出し、機械工業の割合が高くなってきています。

●おもな工業都市はどこ？

製造品出荷額等の構成（2018年）

重化学工業				軽工業	
金属 16.5%	機械 46.3	化学 6.1	食料品 16.9	その他 13.6	せんい 0.6

0%　10　20　30　40　50　60　70　80　90　100

出典：「日本国勢図会2021/22年版」

●北九州 − 製鉄・セメント・食料品

●福岡 − 食料品・絹織物・IC

●大牟田 − 化学肥料（三池炭田を中心に発展）

●久留米 − ゴム・綿織物（久留米がすり）

●苅田町 − 自動車・セメント

●宮若 − 自動車

久留米のゴム

久留米市は1922年に、地下足袋用のゴム工業の中心地として出発しました。当時この地には2軒の実業家の家がありました。のちにブリヂストンになる石橋家と、ムーンスターになる倉田家です。昭和に入って両家は、自動車やオートバイのタイヤを生産し、軍部からの注文で大いに利益を上げました。現在はここに日本の三大ゴムメーカー（ブリヂストン、ムーンスター、アサヒシューズ）が集まっています。

北九州市の公害への取り組み

北九州市はかつて工場の煙や排水で、空は灰や粉じんでくもり、洞海湾は「死の海」とよばれるほど汚染されて、魚もすめなくなっていました。深刻になっていく公害問題に対して北九州市は、1972年に工場と公害防止協定を結び、また、市民団体・行政・工場・研究機関が一体となって空と海をよみがえらせる努力がなされた結果、公害を克服していきました。

2　工業のさかんな地域②
──────新しい工業地域

①　新しい工業地域の形成

　1950〜60年代にかけては日本の工業の発展がめざましく、全国で工場の建設が進みました。京浜や阪神など古くからの工業地帯では過密化（かみつか）が進み、公害や土地不足、交通渋滞（じゅうたい）などの問題が生じて工場をふやせなかったことや、交通の発達によって地方に工場をつくることも可能になって、内陸部などにも工場が建設されました。こうして**関東内陸**（かんとうないりく）や**京葉**（けいよう）・**東海**（とうかい）・**瀬戸内**（せとうち）などの新しい工業地域が誕生（たんじょう）しました。現在は、全国にしめる工業地帯の工業生産額の割合がへり、新しい工業地域の生産額の割合がふえています。

新しい工業地域

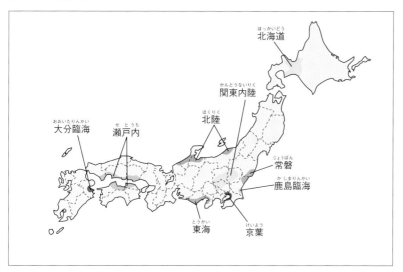

新産業都市と工業整備特別地域（しんさんぎょうとし こうぎょうせいびとくべつちいき）

　経済の高度成長をめざした政府は、東京湾・伊勢湾・大阪湾などを重化学工業の中心とし、その間の地域に関連した工業を発展させるという太平洋ベルトに重点を置いた工業開発を進めようとしました。しかし、この開発計画は、国内で経済の発達した地域とそうでない地域との差を大きくしました。そこで政府は1962（昭和37）年に**全国総合開発計画**（そうごう）を発表し、太平洋ベルトの工業開発を進めるとともに、開発のおくれている地域に15の**新産業都市**を建設し、すでにある工業地域をさらに発展させるために、6つの**工業整備特別地域**を指定しました（新産業都市・工業整備特別地域はともに、役割を終えたとして2001年に廃止されました）。

新産業都市
A　道央
B　八戸
C　仙台湾
D　常磐・郡山
E　新潟
F　松本・諏訪
G　富山・高岡
H　岡山県南
I　徳島
J　東予
K　大分
L　日向・延岡
M　不知火・有明・大牟田
N　秋田湾
O　中海

工業整備特別地域
Ⅰ　鹿島　　Ⅳ　播磨
Ⅱ　東駿河湾　Ⅴ　備後
Ⅲ　東三河　　Ⅵ　周南

1 関東内陸工業地域—埼玉・群馬・栃木の3県——

近年、急速に工業化が進みました。1960年代から京浜工業地帯の臨海部が過密になって工場の用地が不足し、工場は新たな土地を求めて内陸部に移転するようになりました。各地に**工業団地**が造成され、多くの工場が進出するようになったのは、県や市町村が中心となって積極的に工場を呼び寄せる政策をとったからです。また、**関越自動車道・東北自動車道**の全線開通によって、工業製品・工業原料の輸送が便利になり、京浜と強く結びつけられるようになりました。

高速道路沿いに輸送用機械（自動車）や電気機械の大工場が多く、**機械工業**が特にさかんです。関東北西部の山ろくは昔から日本有数の養蚕地帯であったため、伝統的に製糸（富岡）や絹織物（桐生・足利など）工業が発達しています。

工業団地
計画的に整備された工業用地に共同で施設を建設し、生産を効率よく行う目的で工場が集まっている地域。

ふえる外国人労働者

国際化の流れの中で、日本で働く外国人の労働者がふえてきています。1980年ごろから、金属加工の下請け工場などでは労働力が不足するようになり、外国人労働者にたよるようになりました。1990年代からはブラジルやペルーなどの日系人やその二世、三世が出かせぎに来るようになりました。群馬県の太田市や大泉町にはブラジル人の労働者が多く、ブラジル料理店や出かせぎ者どうしの連絡組織もできています。

●おもな工業都市はどこ？

製造品出荷額等の構成（2018年）

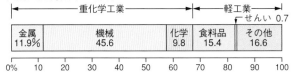

金属 11.9%	機械 45.6	化学 9.8	食料品 15.4	その他 16.6

重化学工業 ／ 軽工業 ／ せんい 0.7

出典：「日本国勢図会 2021/22年版」

〔埼玉県〕

狭山・上尾—自動車　さいたま—車両
熊谷・深谷・本庄—電気機械　川口—鋳物
秩父—セメント・絹織物（秩父めいせん）

〔群馬県〕

太田—自動車　高崎—電気機械・IC
桐生（桐生織）・伊勢崎（伊勢崎がすり）—絹織物
富岡（1872年に官営製糸場が設立されました）—製糸
前橋—電気機械

〔栃木県〕

宇都宮－電気機械　小山－電気機械・絹織物（つむぎ）

足利－絹織物　益子町－陶磁器（益子焼）

2　京葉工業地域―千葉県の東京湾沿岸が中心

東京の「京」と千葉の「葉」をとってつけられた名前です。1950年代に臨海部の埋め立て地に製鉄所が建設されてから、工業地域として急速に発展しました。

金属工業（鉄鋼業）や**化学工業**など、他の工業の材料をつくる**素材工業**が中心で、他の工業地帯・地域と比べて機械工業の割合が小さいのが大きな特色です。また、素材工業が中心であるため、**大工場が多い**ことも特色です。

また、利根川沿岸は、**しょう油**の他、酒・みりん・みそなどの醸造業地帯として、古くから知られています。ここで醸造業が発達したのは、下総台地の麦と大豆、良質な水、行徳（市川市）の塩など、近くから原料が多く取れたこと、それに人口100万の大消費地・江戸と利根川水運で結ばれていたためです。

製造品出荷額等の構成（2018年）

金属 20.8%	機械 13.0	化学 41.5	食料品 15.4	その他 9.1

せんい 0.2

重化学工業　軽工業

出典：「日本国勢図会2021/22年版」

●おもな工業都市はどこ？

千葉・君津－製鉄　市原－造船・石油化学

袖ケ浦－石油化学　茂原－電気機械

野田－しょう油　銚子－水産加工・しょう油　香取－清酒

流山－みりん

※千葉県のしょう油の生産は、全国の約3分の1をしめています。

3　鹿島臨海工業地域―茨城県東部

かつて砂丘だったところに20万トン級のタンカーが出入りできる**世界最大級のＹ字型の人工の掘り込み港**がつくられ、発展しました。京浜工業地帯に比較的近く、霞ヶ浦や北浦があり、工業用水にもめぐまれています。

ひとくちメモ

千葉県の工場誘致

千葉県はかつて農業県でしたが、第二次世界大戦後に工業地域をつくることを計画しました。まず戦争中に整備した埋め立て地を無料で提供し、工場側の条件をほぼ受け入れる形で製鉄所をよび寄せました。

京葉工業地域

第4章　日本をかたちづくるもの2

鹿島港

●おもな工業都市はどこ？

　　鹿嶋－製鉄・石油化学・製油

　　　　※工業地域・港などは「鹿島」ですが、都市名は「鹿嶋」です。

鹿島の掘り込み港

　茨城県の鹿島地方は、松林と砂丘がつらなり、田畑も広く、すいかやさつまいも、豆がよく育つ農村地帯でした。1961年、茨城県は「陸の孤島」といわれたこの地域に大工業地帯を建設する計画を発表しました。1966年には港の掘り込み工事を開始。1970年には幅600m、水深23m、岸壁の長さ17km、防波堤の延長5.8kmの人工港湾が開港し、翌年からは石油化学コンビナートが操業を開始しました。

4　瀬戸内工業地域
瀬戸内海に面した山口県・広島県・岡山県・香川県・愛媛県

　瀬戸内海沿岸では古くから**せんい工業**（特に綿織物工業）が発達していました。阪神と北九州の二つの工業地帯の中間にあるという地理的な有利さ、埋め立て地や塩田・軍用地のあと地などの広い土地が得やすかったこと、海外からの原料や製品の輸送に便利な港にめぐまれたことから、多くの工場が沿岸部に建設されて発展しました。

　機械工業が中心ですが、**倉敷**などに石油化学コンビナートが建設され、**化学工業**もさかんです。

旧 **軍用地**
軍艦の建造や修理、兵器を製造する海軍工廠という施設が、呉にありました。また、呉には軍港が置かれていました。

瀬戸内海の汚染

　第二次世界大戦後、急速に重化学工業化が進んだこの地域では、工場排水によって海が汚染されました。この海の汚染は臨海工業地域から周辺海域へ広がり、1972年には瀬戸内海全域で赤潮が発生しました。また、工場からのばい煙によって、ぜんそく患者が増加し、公害病に認定される人も多くいました。現在は公害監視センターを設けるなど対策に努力しています。

●おもな工業都市はどこ？

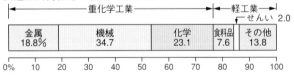

出典：「日本国勢図会2021/22年版」

〔岡山県〕

倉敷（水島地区）－製鉄・石油化学・自動車　玉野－造船

岡山－化学せんい

〔広島県〕

広島・府中（町）－自動車　福山・呉－造船・製鉄

三原・尾道－造船　大竹－石油化学

〔山口県〕

周南－石油化学　防府－自動車

宇部・周南－セメント

岩国－石油化学・製紙・パルプ・化学せんい

〔香川県〕

坂出－造船

〔愛媛県〕

新居浜－化学・機械　松山－化学せんい

今治－造船・綿織物（タオル）　西条－化学せんい・IC

四国中央－製紙・パルプ

5　東海工業地域─静岡県の駿河湾岸が中心

　江戸時代から浜松付近では綿織物業がさかんで、明治時代の末に、富士市に製紙工場がつくられ大きく発展しました。第二次世界大戦後は**機械工業（輸送用機械）**を中心に工業化が急速に進み、日本を代表する新しい工業地域として注目されています。

　京浜・中京工業地帯の中間にあって、東海道本線・国道1号線・東名高速道路が工業の発展に役立っています。また、三保の松原にいだかれた天然の良港、**清水港**をひかえています。さらに、富士川・天竜川・大井川などがあって工業用水や電力が豊かです。

●おもな工業都市はどこ？

製造品出荷額等の構成（2018年）

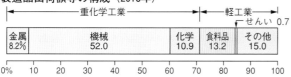

出典：「日本国勢図会2021/22年版」

新産業都市の優等生 倉敷市水島

　倉敷市といえば倉敷紡績が生まれたところ。白壁の家や民芸品の店、美術館などが並ぶ「伝統美観地区」となっていて、観光客が多くやってきます。その近くの水島地区は、かつては塩田のある波静かな場所でしたが、1960年代の高度経済成長のころから大規模な工場が進出しました。15の「新産業都市」の中では「優等生」といわれ、川崎製鉄（現ＪＦＥスチール）や三菱自動車などの工場が集中した大きな臨海工業地域にまで発展しました。

第4章　日本をかたちづくるもの2

浜松－自動車・オートバイ・楽器・綿織物

富士・富士宮・島田－製紙・パルプ

静岡－製茶・食料品（かんづめ－みかん・マグロ）

焼津－水産加工　沼津－電気機械　磐田－自動車

　静岡県は、オートバイ・製紙・パルプ工業の生産額は全国第1位です。オートバイは県内の清水港から海外に多く輸出されています。

　富士川河口から東に広がる浜辺は田子ノ浦とよばれ、万葉の昔から景色の美しいところとして知られてきました。ところが1970年代に田子ノ浦港（富士市南部にある掘り込み港）で、製紙・パルプ工場の廃液により**ヘドロ公害**が発生し、駿河湾沿岸の漁師の生活がおびやかされるようになると、公害の現状が全国に知らされました。その後、市や工場も公害対策に力を入れ、港も川も美しさを取りもどしてきています。

② その他の工業地域

1　北陸工業地域
日本海側の新潟県・富山県・石川県・福井県を結んだ地域

　雪が多いこの地域では、農家の副業として家内工業（絹織物・陶磁器・漆器など）が昔から行われ、中でも伝統的に**せんい工業**がさかんです。近代工業では、雪どけ水による豊富な電力を使って発達した**金属工業**や、新潟で産出される石油をもとにした**石油化学工業**が発達してきました。

　関越自動車道・北陸自動車道の開通により、工業製品の輸送がしやすくなり、また、新幹線の開通もあって、首都圏との結びつきが強まりました。

●おもな工業都市はどこ？

〔新潟県〕

新潟－食料品・機械・製紙・パルプ　十日町－絹織物（かすり）

小千谷－絹織物・麻織物（ちぢみ）　三条－刃物

燕－金属洋食器

〔富山県〕

富山－製薬・化学・機械　黒部－ファスナー

高岡－銅製品・アルミ製品・製紙・パルプ

〔石川県〕

金沢－漆器・陶磁器・染物（加賀友禅）・金箔

バイクと楽器 遠州人気質

　浜松近辺は昔でいえば「遠州」。かれらはチャレンジ精神が強いといいます。日本のオートバイ三大メーカー（ホンダ・ヤマハ・スズキ）はすべて静岡で生まれ育っています。ホンダの創始者本田宗一郎は浜松市の北隣り天竜市（現在は浜松市）の生まれ。浜松で初めて楽器をつくった人は山葉寅楠。1888年にオルガンの国産化を開始し、「日本楽器」の社名をかかげます。1927年には「日本楽器」を退職した河合小市が河合楽器を設立。こうして浜松近辺はバイクと楽器の一大生産地に成長したのです。

新潟県の天然ガス

　新潟県の天然ガスは、ほとんどが水溶性天然ガスなので、大量の地下水くみ上げで新潟市を中心に地盤沈下の問題が起きています。

小松－機械（トラクター）　輪島－漆器（輪島塗）

〔福井県〕

福井－絹織物（羽二重）・化学せんい　鯖江－めがねフレーム

2　北海道工業地域

地元の原料（農林水産物）を利用した軽工業が中心で、**食料品工業**の生産額は都道府県別で**全国第1位**です。

●おもな工業都市はどこ？

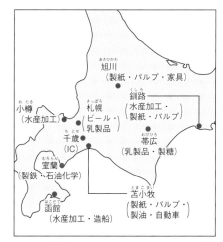

札幌－食料品（乳製品・ビール）

※札幌郊外にある石狩湾新港は、札幌圏の物流拠点として重要な役割を担っています。

苫小牧－製紙・パルプ・製油・自動車

※苫小牧には日本で最初に建設された掘り込み港があります。

室蘭－製鉄・石油化学　旭川－製紙・パルプ・木製品（家具）

釧路－製紙・パルプ・食料品（水産加工）　帯広－乳製品・製糖

函館－食料品（水産加工）・造船　千歳－IC

小樽－食料品（水産加工）

苫小牧西港

第4章　日本をかたちづくるもの2

中央高地の工業地域

3　中央高地の工業地域―諏訪盆地周辺（長野県）が中心―

　諏訪盆地周辺はかつては製糸業のさかんな地域でしたが、しだいに生糸の生産がへると製糸業の労働力や生産施設を利用して、カメラ・レンズ・時計などの**精密機械工業**の生産がさかんになりました。現在、長野県の精密機械工業の生産額は、東京都とならび全国有数です。また、中央自動車道が開通して大都市との結びつきが強まり、コンピュータやICなどの生産ものびています。

●おもな工業都市はどこ？

〔長野県〕

　　岡谷・諏訪－精密機械　　松本－電気機械

〔山梨県〕

　　甲府－宝石・貴金属製品　　忍野村－産業用ロボット

4　常磐工業地域―福島県南部～茨城県北部

　現在はともに閉山した日立銅山の銅と、常磐炭田の石炭をもとに発達しました。また、茨城県の東海村は、日本で最初の原子力発電所が建設されたところです。

〔福島県〕

　　郡山－電気機械・化学

　　いわき－電気機械

〔茨城県〕

　　日立－電気機械

　　ひたちなか－電気機械

（※ 常磐工業地域の地図）

常磐工業地域

5　九州地方の工業地域

　北九州工業地帯のほかにも、各地で工業が行われています。また、九州の各地にはICの工場が進出し、『シリコンアイランド』としても有名です。

〔長崎県〕

　　長崎・佐世保－造船

〔大分県〕大分市の鶴崎地区に臨海工業地域が形成されています。

　　大分－製鉄・石油化学　　津久見－セメント

〔宮崎県〕

　　延岡－化学　　日南－製紙・パルプ　　日向－金属・食料品

〔熊本県〕

　　水俣－化学　　八代－セメント・製紙・パルプ

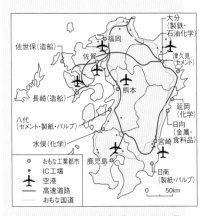

九州のおもな工業都市とIC工場

ひとくちメモ

企業城下町延岡

　第二次世界大戦で、延岡はアメリカ軍の空襲を集中的に受け、市街地の大部分を失いました。当時の延岡には火薬や軍関係のせんいを生産する大きな工場がありました。戦後再出発した工場は、肥料やナイロンなどの化学製品を生産し、延岡を大工業都市として発展させました。

　現在の延岡市は、旭化成の企業城下町として栄えています。

3 近代工業発展の歩み

1 近代工業の始まり―明治時代のはじめ

　政府は日本を工業の進んだ国にしようと、外国から機械を買い、外国人技術者を日本に招いて、国の費用で各地に製糸や紡績、また兵器製造などの官営工場をつくり、欧米のすぐれた技術を取り入れようとしました。

富岡製糸場
富岡製糸場は1872年、群馬県に設立された官営工場です。士族（江戸時代の武士）の娘たちを集め、フランス人技師の指導で操業していました。2014年に世界文化遺産に登録されました。

ひとくちメモ　工場の始まりは江戸時代

　明治時代の前の江戸時代中ごろ（今から約250年前）、都市やその周辺では、問屋制家内工業や工場制手工業（マニュファクチュア）が始まりました。
　問屋制家内工業…問屋（商人）が農民や下級武士、職人に材料や道具を貸して製品をつくらせ、その製品を問屋が買い取って販売する方法。
　工場制手工業（マニュファクチュア）…工場に職人を集めて、分業によって生産する方法。

2 軽工業の発達―第一次産業革命

　明治時代の中ごろから、**せんい工業**を中心に機械化が進み、軽工業が発展しました。これを**第一次産業革命**といいます。政府はこうしてつくられた製品を輸出し、そのお金で軍艦や武器、工業機械を購入しました。

3 せんい工業から重工業へ―第二次産業革命

　1901年、現在の北九州市で官営の**八幡製鉄所**が操業を開始し、国産の鉄鋼生産が始まりました。これによって、造船・車両・機械工業などが発展し、**重工業**を中心に産業革命が進みました。これが**第二次産業革命**です。

　京浜・中京・阪神・北九州などの工業地帯ができ始めたのもこのころです。

産業革命
工場の生産方法が工場制手工業から機械を使った大量生産の方法に変わり、それにともなって社会や経済のしくみが大きく変化することを「産業革命」といいます。産業革命は1760年ごろイギリスで始まりました。日本の産業革命は、イギリスよりも約100年おくれて始まりました。

ひとくちメモ　社会問題の発生

　工業発展の陰で、深刻な社会問題も生まれていました。工場や炭鉱で働く人々は、低賃金で長時間の労働をしいられました。せんい工場で働く女子労働者の中には、貧農の親がした借金のかわりに女工として働く人も多くいました。労働賃金は男子労働者の3分の1くらい、1日13〜18時間も働くというひどさでした。また、足尾銅山（栃木県）では、鉱毒が30万人の農漁民に被害を与えました（足尾銅山鉱毒事件 ➡P.94参照）

4 重工業の発達―大正時代

　1914年に始まった第一次世界大戦中、日本では化学工業がおこり、ヨーロッパやアジア諸国に化学肥料や日用品を輸出しました。このため好景気となり、製鉄や造船などの**重工業**がめざましく発展しました。工業生産が農業生産を初めて上回り、工場の動力は**電力**が中心になりました。

5 第二次世界大戦から高度経済成長期

　1931年から15年にもわたって戦争が続き、工業は軍艦や兵器の生産が中心でした。戦争の末期にはアメリカ軍による空襲が、特に工業地帯にくり返されて、日本の工業は壊滅的な損害を受けました。

　戦後、1950（昭和25）年に起こった朝鮮戦争をきっかけに、日本の経済は復興にむかい始めます。アメリカ軍が使う大量の兵器の生産や修理、輸送の注文を受けて、日本の工業は大きくのび、「特需景気」とよばれる好景気をむかえました。

　1960年代の**高度経済成長期**には工業はさらに発展し、各地に新しい工業地域もできました。しかし、**太平洋ベルト**に工業が集中し、公害・災害が起きたときの危険性も大きくなりました。

6 新たな時代へ

　石油危機（1973年・1979年）によって高度経済成長は終わりを告げます。それ以降、日本の工業の中心は自動車・カメラ・半導体などのように高度な技術（ハイテク）を使った**加工組立型産業**となりました。これらの製品は外国へも多く輸出されましたが、それにともなって各国との間で**貿易摩擦**が起こりました。

　貿易摩擦をさけるため、あるいは安い労働力を求めて日本企業はさかんに海外進出するようになりました。国内では最先端の技術を生かした高い性能を持つ製品の開発や製造に力を入れています。

日本の発電
産業の発展とともに、必要な電力を得るために、各地に発電所がつくられていきました。最初は水力発電が中心でしたが、現在の主力は火力発電です。このほか、原子力発電、再生可能エネルギーとよばれる風力・太陽光・地熱などの発電が行われています。（➡P.126～128参照）

4 日本の工業は今

① 日本の工業の特色と問題点

1 輸入にたよる資源

　日本は埋蔵されている地下資源の種類は多く、「鉱物の標本室」あるいは「鉱物の博物館」といわれます。しかし産出量は少なく、需要の大部分を海外にたよっているのが現状です。

　100％自給できるのは石灰石と硫黄くらいで、石炭・原油・鉄鉱石などはほぼ100％輸入にたよっています。

資源	使い道	輸入にたよる割合	おもな輸入先
石炭	発電 製鉄	99.6%	オーストラリア(60%)・インドネシア(16%) ロシア(13%)
原油	燃料 石油化学工業	99.6%	サウジアラビア(40%)・アラブ首長国連邦(32%) クウェート(9%)
鉄鉱石	製鉄	100%	オーストラリア(58%)・ブラジル(27%) カナダ(6%)
石灰石	製鉄 セメント工業	0%	————————

出典：「日本国勢図会2021/22年版」

ひとくちメモ　日本の石炭産業

　日本ではかつて石炭の生産がさかんで、北海道や九州を中心に炭田がありました。しかし、1960年ごろから各地の炭鉱は次々と閉山し、2002年には、国内の大きな炭鉱で最後まで残っていた北海道釧路市の炭鉱が閉山しました。現在、石炭の生産は、数カ所ある小規模の露天掘りの炭鉱で行われています。

2 トップクラスの工業生産

　日本の工業は、特に船舶・自動車・鉄鋼・産業用ロボット・コンピュータ・通信機器などの生産では世界でも有数です。1960年ごろの高度経済成長期にめざましく発展し、アメリカ合衆国につぐ工業国となりました。

　工業の種類では、**重化学工業**が中心です。

石油のたくわえ

オイルショックの混乱を教訓に、日本各地には石油をたくわえておく貯蔵基地がつくられ、急に輸入が止まったとしても、その日から全く石油が姿を消すということにはなりません。国内で比較的規模の大きい石油備蓄基地があるのは、鹿児島県の鹿児島市（喜入）や青森県の六ヶ所村です。（➡P.125も参照）

かたよる石油の埋蔵

西アジアから北アフリカにかけての地域には、世界の埋蔵量の3分の2が埋蔵されており、この地域の原油産出量は、世界の4分の1にも達しています。西アジアの産油地の中心は、ペルシア湾沿岸地域で、日本も、1958年から海底油田の開発にあたっています。

ひとくちメモ

変わる加工工業

資源にとぼしい日本では、長い間、「加工工業（加工貿易）」といって、工業に必要な原材料を多く外国から輸入し、それを国内で加工して品質の良い工業製品を外国に大量に輸出するしくみで成長してきました。しかし、海外への工場移転が進んだ結果、現在では輸入でも機械類などの製品が品目の上位にならぶようになっています。

3　外国との関係

性能のよい日本製の工業製品が外国に多く輸出されるようになると、各国との間で**貿易摩擦**が起こりました。

日本の製品輸出がふえるにつれて、貿易赤字になやむ国々は日本に対して輸出量の制限を強く求めるようになりました。そのため、日本の企業はあいついでアメリカやヨーロッパなどの海外に工場をつくり、現地での生産を始めました。

一方、安い労働力を求めて海外に工場を移転する企業も出ました。賃金の安いアジア地域に工場をつくって製品を生産し、日本に輸出するという形です。最初はせんい製品などが中心でしたが、近年では家電製品や電子部品もこの形式で生産されるものがふえてきました。

その結果、工業製品の国内生産と海外生産の比率は大きく変化しました。そして、国内では仕事がへり、閉鎖される工場もふえました。こうした現象は「**産業の空洞化**」とよばれています。

4　工業で働く人々

1　どのくらいの人が働いているか

産業別人口では工業は、建設業・鉱業とともに第2次産業に分類され、工業に従事している人はおよそ810万人ほどいます。現在では自動車工業をはじめ、コンピュータやその部品である半導体などの**機械工業**（工業製品出荷額の約46％をしめます）が特にさかんです。

工業の種類別の工場数・従業者数・出荷額の割合（％）　　（2018年）

工業の種類	工場数	従業者数	出荷額
金属工業	17.0	12.7	13.5
機械工業	24.4	41.5	46.0
化学工業	1.9	5.0	13.4
小計（重化学工業）	43.3	59.2	72.9
食料品工業	12.9	15.9	11.9
せんい工業	8.6	3.5	1.2
その他	35.2	21.4	14.0
小計（軽工業）	56.7	40.8	27.1
合　計	34.8万か所	810万人	334.7兆円

※工場数と従業者数は2019年　　　　出典：「日本国勢図会2021/22年版」

2　どんな工場で働いているか

日本は、他の先進工業国と比べて中小規模（きぼ）の工場が多く、そうした工場で多くの人々が働いています。

オートメーション化の進んだ**大工場**は、全工場数の1.0％にすぎません。しかし、従業者数（じゅうぎょうしゃ）では約33％、生産額では約半分をしめています。これに対して、工場数のほとんどをしめる**中小工場**は、生産額が少なく、賃金や働く環境もよくない工場もたくさんあります。大工場の下請（したう）けをする場合にも、不利な立場におかれることが多く、景気の変動で倒産（とうさん）しやすいなど、多くのむずかしい問題をかかえています。

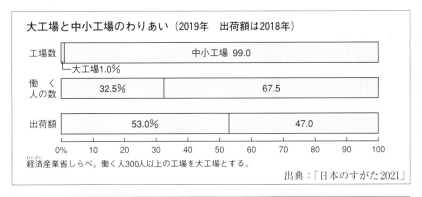

大工場と中小工場のわりあい（2019年　出荷額は2018年）

工場数　中小工場 99.0／大工場1.0％
働く人の数　32.5％　67.5
出荷額　53.0％　47.0

経済産業省（けいざい）しらべ。働く人300人以上の工場を大工場とする。
出典：「日本のすがた2021」

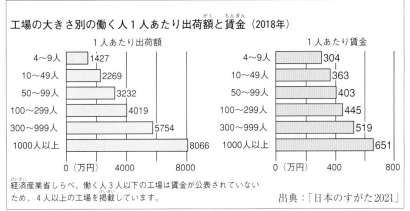

工場の大きさ別の働く人1人あたり出荷額（がく）と賃金（ちんぎん）（2018年）

1人あたり出荷額
4～9人 1427
10～49人 2269
50～99人 3232
100～299人 4019
300～999人 5754
1000人以上 8066

1人あたり賃金
4～9人 304
10～49人 363
50～99人 403
100～299人 445
300～999人 519
1000人以上 651

経済産業省（けいざい）しらべ。働く人3人以下の工場は賃金が公表されていないため、4人以上の工場を掲載しています。
出典：「日本のすがた2021」

5　公害の発生

工業の発展とともに、**公害**の発生が社会的な問題となってきました。公害が原因で起こる病気を**公害病**といいます。国が公害病と認めた人を公害病認定患者（みと／にんていかんじゃ）といい、命をおとす人も多く出ています。

●四大公害病

高度経済成長が続いた1950年代から1960年代にかけて、水質汚濁（おだく）・大気汚染・鉱毒（こうどく）・騒音などの公害が各地で発生しました。**四大公害病**といわれる水俣病（みなまた）・新潟水俣病・四日市ぜんそく・イタイイタイ病はその代表的なものです。

工場の従業者数や工場の資本金の大小によって、次のように工場を区別します。
①従業者数による区別
　29人以下　……小工場
　30～299人以下（300人未満）……中工場
　300人以上　……大工場
②資本金による区別
　1億円未満……中小工場
　1億円以上……大工場

中小工場の役割

食料品やせんい製品、日用品雑貨など、日常生活に関係の深いものの多くは、中小工場で生産されています。また、自動車や電気製品などの部品のほとんどは「下請（したう）け工場」「関連（かんれん）工場」「協力工場（きょうりょく）」などとよばれる中小工場で生産されており、中小工場は、大工場（親工場：部品を買い上げて製品を生産する工場）の生産を支（ささ）えるかげの力ともなっています。

環境基本法（かんきょう きほんほう）では、次の7つによる被害を公害としています（典型7公害）（てんけい）。
① 大気汚染（たいきおせん）：空気のよごれ
② 騒音（そうおん）：うるさい音
③ 悪臭（あくしゅう）：悪いにおい
④ 水質汚濁（すいしつおだく）：水のよごれ
⑤ 振動（しんどう）：ゆれ
⑥ 土壌汚染（どじょうおせん）：土のよごれ
⑦ 地盤沈下（じばんちんか）：土地がしずむ
苦情の件数（くじょう けんすう）が最も多いのは②の騒音で、全体の約23％をしめています。また、大気汚染の苦情も多いです。地域的には、大都市やその周辺の地域で、公害に対する苦情の件数が多くなっています。

水俣病（熊本県・水俣湾沿岸）

時期…1953年ごろから発生。

原因…工場からの排水中のメチル水銀（有機水銀）に汚染された貝や魚を食べる。

病気のようす…手足がしびれ、目や耳が不自由になる。死亡する場合もあった。

イタイイタイ病（富山県・神通川流域）

時期…1911年ごろから発生。

原因…鉱山（神岡鉱山）の排水中のカドミウムで汚染された水や食物をとる。

病気のようす…骨がもろくなり、折れやすくなる。はげしい痛みで、たいへん苦しむ。

四日市ぜんそく（三重県）

時期…1960年ごろから発生。

原因…亜硫酸ガスで汚染された空気を吸う。

病気のようす…息をするのが苦しく、のどが痛む。はげしいぜんそくの発作が起こる。

新潟水俣病［第二水俣病］（新潟県・阿賀野川流域）

時期…1964年ごろから発生。

原因…工場からの排水中のメチル水銀（有機水銀）に汚染された貝や魚を食べる。

病気のようす…手足がしびれ、目や耳が不自由になる。死亡する場合もあった。

この四つの公害病はいずれも裁判にまで発展し、すべての公害病で被害者の主張が認められました。

ハイテク公害
携帯電話による電磁波や、電子機器の製造・洗浄・廃棄の各過程で排出される有害物質による水質汚濁・土壌汚染など、電気電子産業の発展に伴って新しく問題となってきた公害のことです。

変わってきた公害
近年では、自動車の排気ガスによる大気汚染や、家庭からの排水による水質汚濁など、人々の生活と関係の深い公害が問題となってきました。また、企業による公害も、産業の変化にともなって、これまでにない種類の公害も発生するようになりました。

ダイオキシン
塩分をふくむ食べ残しや、塩素をふくむビニル、プラスチックなどを低温で燃やすと発生します。人体に入るとガンや内臓の障害などをおこす有害な物質です。

ひとくちメモ　足尾銅山鉱毒事件－日本の公害の原点

明治時代の中ごろ、栃木県の足尾銅山から流出した鉱毒は、渡良瀬川の魚たちを死滅させ、沿岸の広大な農地や農作物に被害を与え、豊かな村々を荒廃させました。栃木県から出た代議士田中正造はこれを国会で追及し、天皇への直訴を試みるなど、住民を救う努力をしました。また、同じ銅山の公害に、愛媛県の別子銅山の煙害（亜硫酸ガス）がありました。この煙害は、明治時代の中ごろから約50年にわたって、新居浜平野の住民の生活や農業に大きな被害を与えました。

足尾銅山本山製錬所

●国の取り組み

　人々による公害反対の運動を受けて、国や企業は公害対策にのり出し、今日では日本の公害対策技術は世界でも有数となっています。

①**公害対策基本法**（1967年制定・1993年廃止）…公害を防止するための大もとになる法律として制定され、1970年には、国民の健康の保護と安全を第一にするように、改正されました。

②**環境基本法**（1993年制定）…「現在及び将来の国民の健康で文化的な生活の確保に寄与するとともに人類の福祉に貢献すること」を目的に制定されました。産業活動による公害だけでなく、都市型・生活型の環境破壊が問題となるようになりました。また、広く地球規模の環境保全をすすめることになりました。

③**環境省**（2001年設置）…公害防止や自然環境の保全の仕事を総合的に進める国の役所です。地球規模の環境問題に対応するため、それまでの環境庁（1971年設置）が省に格上げされました。

④**公害防止条例**…都道府県でも独自に条例（きまり）を制定して、公害防止対策を行っています。

⑤**公害防止協定**…都道府県や市町村、または住民がその地域のおもな工場との間で、公害防止を目的とした取り決めを結びます。

⑥**環境アセスメント［環境影響評価］法**（1997年制定）…公共事業による環境への影響を事前に調査し、事業に反映させる法律です。

⑦**環境権**…きれいな空気や水、騒音などのない住みよい環境を求める権利。高度経済成長期に公害などの環境問題が深刻になり、良い環境を求める権利として提唱されました。「新しい人権」のひとつで、環境基本法や環境アセスメント法などにもその理念がいかされています。

北九州―鉄の都市から テクノロジー都市へ

石油危機（1973年・1979年）をきっかけに、日本の工業は、鉄鋼・化学などを中心とした基礎素材型産業から自動車・エレクトロニクス（電子工業）を中心とした加工組立型産業へと移り始めました。さらに、円高による不況も手伝って、北九州市の産業の中心である鉄鋼・化学工業は大打撃を受けました。そのため、北九州市の多くの工場は、産業の変化に合わせて縮小しなければならなくなりました。八幡製鉄所では高炉が1基となり、最盛期には4万人をこえていた従業員数は1万人を切るほどになりました。

このような不況の中で北九州市は、これまで蓄積された技術力や成長著しいアジアとの関係を生かして、新たな産業都市としての飛躍を目指す「北九州市ルネッサンス構想」を打ち出しました。

以下のような施設や新しい産業が登場しています。

◎工場や社宅の跡地にレジャーランドやホテルなどが建設されています。

◎工場の誘致により、加工組立型産業が多数進出しています。

カーエアコン・海底ケーブル・カーナビゲーションシステム・家庭用プラスチック製品など

北九州工業地帯は、素材型産業から加工組立型産業へ、そして新たな産業の創出へと変化している最中です。このような動きの中で北九州市は、「北九州エコタウンプラン（総合環境コンビナートをつくり、環境産業という新たな産業を育てようという計画）」などの新しい政策を実現しようとしています。

1　工業のさかんな地域①－工業地帯

① 太平洋ベルト

日本の工業は太平洋ベルトに集中しています。

② 工業地帯

京浜工業地帯：機械工業が多く、印刷業もさかん。
中京工業地帯：生産額日本一。機械工業（特に自動車）・せんい工業・よう業に特色。
阪神工業地帯：総合工業地帯。せんい工業に特色。
北九州工業地帯：八幡製鉄所をもとに発展。

2　工業のさかんな地域②－新しい工業地域

① 新しい工業地域の形成

関東内陸工業地域－埼玉・群馬・栃木県。機械工業に特色。
京葉工業地域－東京湾東岸（千葉県）。化学工業に特色。
鹿島臨海工業地域－茨城県東部。世界最大級の掘り込み港。
瀬戸内工業地域－瀬戸内海を囲む5県。重化学工業・せんい工業に特色。
東海工業地域－静岡県。機械工業が発達。

② その他の工業地域－北陸・北海道・中央高地・常磐・九州など。

3　近代工業発展の歩み

日本の工業の歩み

100年あまりで急速に発展。石油危機でしくみが変化し、現在は高性能製品の開発に力点がおかれています。
官営工場・産業革命・加工貿易・高度経済成長期・石油危機・海外進出などの語句に注意です。

4　日本の工業は今

① 日本の工業の特色と問題点

おもな資源の輸入先・多い中小工場・おもな公害病と国の取り組みについておさえておきましょう。貿易摩擦・現地生産・産業の空洞化・環境基本法などの語句に注意です。

メモ

第5章 日本の動脈 (運輸・交通 通信・貿易)

物がお家に届くまで

皆さんの家には時々宅配便が届きませんか。年末になると両親の田舎からお歳暮が届いたり、初夏の季節に山形県からサクランボが届いたり、そんな経験があるでしょう。このように現代の生活は物の動きを基本にして成り立っています。このような物の流れを物流といいます。物流がなければ、私たちの生活は成り立ちません。この物流を支えてくれるのが、運輸・交通なのです。交通・運輸・通信、そして貿易について、よく学んでみましょう。

1 輸送を支える運輸・交通
2 通信・情報は世界をめぐる
3 貿易による世界との結びつき

1 輸送を支える運輸・交通

　交通機関が整備されることによって、人や物の移動や交流はスムーズに行われるようになり、産業もさかんになります。交通機関は、通勤・通学・レジャー・買い物など、人々の生活の足として欠かせない重要なものであると同時に、農林水産物の輸送や工業原料・製品の輸送など、産業の発展にとってもなくてはならないものです。

　交通機関の役割は大きく分けて、人を運ぶ旅客輸送と、物を運ぶ貨物輸送の2つがあります。それぞれの輸送の特色と問題点について見ていきましょう。

1 大きくふえた輸送

1 輸送量の変化

	単位	1965年度	2019年度*
貨物	輸送トン数	2,625百万	4,835百万
	輸送トンキロ	186,346百万	406,047百万
旅客	輸送人数	30,793百万	94,989百万
	輸送人キロ	382,481百万	1,439,253百万

＊2019年度は、推定値。　　　　　　出典：「日本国勢図会2021/22年版」他

東海道新幹線

　貨物輸送・旅客輸送ともに約50年で大幅にふえています。貨物より旅客のふえ方が大きいということは、旅行などを楽しむ人々が多くなったことを表しています。

ひとくちメモ

輸送量を表す単位

　交通機関が運ぶ人や物には、短距離のものも長距離のものもあります。それを同じように数えるのでは、輸送量を正確に表したことにはなりません。そこで、貨物の場合は、輸送した貨物それぞれの重さ（t）に運んだ距離（km）をかけて合計した「トンキロ」という単位で輸送総量を示します。旅客の場合も、輸送した旅客の数にそれぞれの人が乗った距離（km）の合計をかけあわせて「人キロ」という単位で輸送総量を示します。

（例）　輸送トンキロ＝貨物の重さ（t）×輸送した距離（km）

　　　　→1トンの貨物を5キロ運ぶと5トンキロ

　　　輸送人キロ　＝旅客数（人）×乗車した距離（km）

　　　　→旅客30人を50キロ運ぶと1500人キロ

2　国内輸送の機関別割合の変化

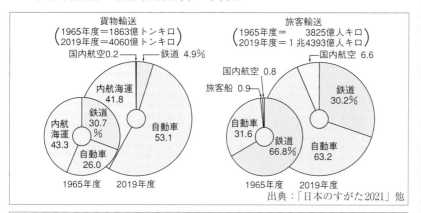

貨物輸送
（1965年度＝1863億トンキロ）
（2019年度＝4060億トンキロ）

国内航空0.2　　鉄道 4.9%
内航海運 41.8
内航海運 43.3　鉄道 30.7%
自動車 26.0　自動車 53.1
1965年度　2019年度

旅客輸送
（1965年度＝　3825億人キロ）
（2019年度＝1兆4393億人キロ）

国内航空 6.6
国内航空 0.8　鉄道 30.2%
旅客船 0.9
自動車 31.6　鉄道 66.8%　自動車 63.2
1965年度　2019年度

出典：「日本のすがた2021」他

貨物輸送の中心	旅客輸送の中心
⇩	⇩
1位:自動車（53%）	1位:自動車（63%）
2位:船（42%）	2位:鉄道（30%）

●輸送機関別の割合で、大きくへっている→鉄道

●輸送ののび率が最も高い→航空輸送

　輸送機関の主役は、鉄道から**自動車**へと変化しました。特に、貨物輸送は1960年代のエネルギー革命で石炭の輸送がへったことや、その後の高速道路の相次ぐ開通によって長距離トラック輸送がさかんになったことなどにより、鉄道輸送が大幅にへりました。

貨物列車

●環境にやさしい輸送手段―見直される鉄道輸送

　貨物輸送も旅客輸送も、現在、割合が最も多いのは自動車ですが、近年鉄道輸送が見直されるようになりました。鉄道は自動車よりも少ないエネルギーで運行でき、二酸化炭素の排出量も少ないという特長を持っています。その特長を生かして、**モーダルシフト**という輸送方法が多く使われます。駅までの輸送を自動車で行い、最も長距離のルートは鉄道が担うという方法です。

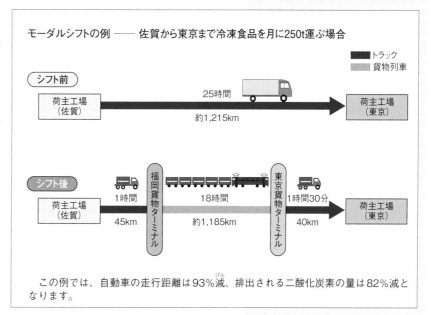

モーダルシフトの例 ―― 佐賀から東京まで冷凍食品を月に250t運ぶ場合

トラック　貨物列車

シフト前
荷主工場（佐賀）　25時間　約1,215km　荷主工場（東京）

シフト後
荷主工場（佐賀）　1時間 45km　福岡貨物ターミナル　18時間 約1,185km　東京貨物ターミナル　1時間30分 40km　荷主工場（東京）

この例では、自動車の走行距離は93%減、排出される二酸化炭素の量は82%減となります。

青函トンネル

　青函トンネルは、本州と北海道の間の津軽海峡の海底を通る鉄道トンネルです。1988年に完成して、鉄道が走るようになりました。全長53.85kmで、当時は世界一長いトンネルでした。

　その後、スイスでは全長57kmのゴッタルドベーストンネルが完成し、世界一となっています。

② さまざまな交通機関①−陸を行く

陸上交通機関は、**鉄道・自動車**の二つに大別できます。

1 広がる鉄道網

　日本の鉄道は、1872（明治5）年、新橋〜横浜間が最初に開通して以来、鉄道網は全国にのびています。日本は世界で最も鉄道が発達した国の一つです。新幹線・青函トンネル・瀬戸大橋などの鉄道技術は高く、電化・複線化も進んでいます。鉄道輸送の利点は、旅客や貨物を一度に**大量輸送**ができ、目的地まで、時間通りに、安全に輸送することができることです。

● JRの発足

　現在JRとして走っている路線は、1987（昭和62）年3月まで「日本国有鉄道」（国鉄）といいました。国鉄は自動車輸送の発達におされ、鉄道輸送の割合がへり、赤字をかかえたため、1987年4月に7つの会社に分割・民営化されました。JR発足後、経営は改善されつつありますが、ローカル線はほとんどが赤字で、廃線か第三セクター（地方自治体［都道府県］と地元の会社が共同でお金を出して経営していく方式）による存続かで、問題となっている路線も多くなっています。

　鉄道が多く利用されるのは、大都市圏での通勤・通学などです。輸送力を高めるために、通勤電車の複々線化を進めたり、スピードアップをはかるリニアモーターカーの開発も進められています。

リニアモーターカー

　リニアモーターカーは、磁石（超伝導磁石）の力で10cmほど空中に浮いて走行します。現在の新幹線の約2倍の時速500キロで走ることができ、またパンタグラフもないため、線路や架線とのまさつによる騒音や振動もなく、乗り心地も快適です。

　現在、2027年の開業を目指し、東京−名古屋間を40分〜50分で結ぶ「リニア中央新幹線」の建設が進められています。

●新幹線

　1964年の東海道新幹線開業（東京−新大阪間）をかわきりに、日本の新幹線網は整備され、ビジネスや観光で移動する人々の足として、重要な役割を果たしています。北陸新幹線の長野−金沢

の区間が2015年春に開業し、北海道新幹線の新青森－新函館北斗間が2016年春に開業しました。

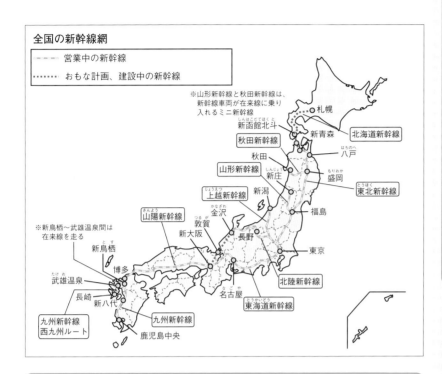

全国の新幹線網

- ─・─ 営業中の新幹線
- ‥‥‥ おもな計画、建設中の新幹線

※山形新幹線と秋田新幹線は、新幹線車両が在来線に乗り入れるミニ新幹線

札幌
新函館北斗
新青森　北海道新幹線
秋田新幹線
秋田　八戸
山形新幹線　新庄　盛岡
新潟　東北新幹線
上越新幹線　金沢
山陽新幹線　敦賀　福島
新大阪　長野
※新鳥栖～武雄温泉間は在来線を走る　東京
新鳥栖
博多　北陸新幹線
武雄温泉
長崎　新八代　名古屋
九州新幹線西九州ルート　九州新幹線　東海道新幹線
鹿児島中央

ひとくちメモ

海を渡る新幹線の技術

1964年に東海道新幹線が開業してから、その間大きな事故は1度も起きていません。新幹線は台湾や中国、イギリスなどの鉄道にもその技術が導入され、「シンカンセン」ということばが海外でも通用するなど、新幹線は日本が世界にほこる鉄道です。

ひとくちメモ　**バリアフリー**

高齢者や身体に障害を持つ人々にとっては、駅の階段やバスの乗降口などはバリア（障壁）となります。こうした障壁をとりのぞこうというのが「バリアフリー」という考え方です。「バリアフリー」の考え方にもとづいて、鉄道の駅にはエレベーターやエスカレーターが取り付けられたり、目の不自由な人のために切符の料金表や券売機のボタンは点字で表示されたりしています。また、バスでも床を低くして、小さな子供や高齢者でも乗り降りしやすいノンステップバスが登場しています。

ノンステップバス（東京都交通局）

2　自動車輸送

日本の自動車は、生産台数が増加し、道路が整備されるにしたがって、輸送量がふえてきました。日本の自動車保有台数は7670万台です。自動車は貨物輸送・旅客輸送ともに第1位で、陸上交通の王座をしめています。自動車輸送の特色は、出発地から目的地（**戸口から戸口へ**）まで直接、乗り換え、積み換えせずに便利に行くことができるということです。

交通渋滞

●大きくのびた宅配便

　貨物輸送として、**戸口から戸口へ**直送できる**トラック輸送**が大幅にのびています。特に、高速自動車道（自動車専用の高速道路）の発達とトラックターミナル（貨物の集荷や配送の仕分けなどをまとめてする施設）が整備されたため、**宅配便**が急成長しています。この宅配便は、小さな荷物でも翌日、または2日ほどで配達され、便利なため輸送量がふえているのです。

宅配便のしくみ

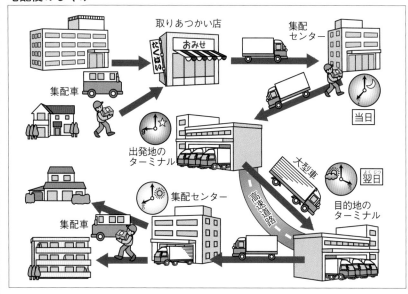

●道路の整備

　自動車の保有台数がふえるとともに、国内の道路も整えられ、各地に**高速道路**や、九州と本州を結ぶ関門橋、本州と四国を結ぶ本州四国連絡橋などの建設が進みました。

　日本の道路は全長約120万kmありますが、外国と比べると道路の幅がせまく、特に大都市では渋滞が深刻です。そのため、バイパスをつくったり、交差点を立体化するなどの工夫が行われています。

　高速道路は、1965年に全線開通した名神高速道路（愛知県の小牧〜兵庫県の西宮間189km）をかわきりに次々と建設され、1990年代には、本州の青森から九州の鹿児島までが1本の高速道路で結ばれるようになりました。現在約8400kmの区間が開通しています。

高速道路

首都高速中央環状線
首都圏で整備が進められている環状道路のうち、中央環状線が2015年3月に全線開通しました。新宿や渋谷から羽田空港や東京湾岸へ都心を通過しなくても行けるようになり、都心の道路渋滞が緩和されるなどの効果が出ています。

［おもな高速道路］

・**名神高速道路**（小牧～西宮）・**東名高速道路**（東京～小牧）

・**東北自動車道**（東京～青森）・**関越自動車道**（東京～新潟）

日本のおもな高速道路

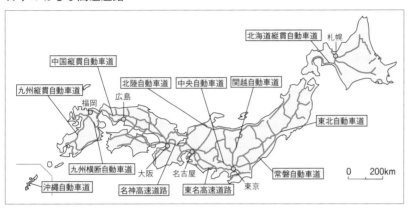

東京湾アクアライン （東京湾横断道路）

東京湾をはさむ神奈川県川崎市と、千葉県木更津市の間を結ぶ自動車専用有料道路で、1997年に開業しました。全長15.1kmで、所要時間は約15分です。

東京湾アクアライン

［本州四国連絡橋］

本州と四国とを結ぶ連絡橋。3つのルートがあります。

①**児島－坂出ルート**（瀬戸大橋）：岡山県児島と香川県坂出とを結ぶ。1988年4月開通。

明石海峡大橋

②**神戸－鳴門ルート**：兵庫県と徳島県とを結ぶ。1998年4月に**明石海峡大橋**が開通。

③**尾道－今治ルート**（愛称－瀬戸内しまなみ海道）：広島県と愛媛県とを結ぶ。1999年全線開通。

ETC

高速道路の料金所での渋滞を解消することをめざして導入された「高速道路料金自動支払いシステム」です。センサーが情報を交換し、利用者はあとで料金を支払うしくみになっています。

③　さまざまな交通機関②－水上を行く

　船舶による輸送の利点は、自動車、鉄道よりもさらに多くの人や貨物を、陸上よりも安い燃料費で一度に輸送できることですが、反面、陸上輸送よりも速度がおそく、時間がかかってしまいます。

　船舶による貨物の国際輸送量が大幅にのびています。輸入する石炭・石油・鉄鉱石などの原料や、輸出する自動車・鉄鋼などの工業製品は、貨物船を使って輸送します。

●貨物船の種類

　貨物船では、運ぶものに合わせて、さまざまなタイプの専用船が使われています。

海洋工事用土砂を運ぶ土運船

東京湾のコンテナ群

フェリーターミナル

- タンカー……原油を運ぶ専用船。
- コンテナ船…貨物をコンテナにつめて運ぶ船で、積み下ろしが簡単です。
- フェリー……旅客や貨物を乗せた乗用車やトラックを運ぶ船。宮崎平野や高知平野では、促成栽培によって収穫された野菜を大型の保冷トラックに積み、港からカーフェリーで東京などの市場に出荷しています。
- その他………鉱石船、木材運搬船、自動車輸送の専用船、LNG専用船（液化天然ガスを運ぶ船）など。

●海上輸送のおもな貿易品

輸出品

鉄鋼・機械類・セメント・乗用自動車・電気製品など

輸入品

原油・石炭・鉄鉱石・液化ガス・木材・農作物など

ひとくちメモ　水の町東京

日本の河川は急で流れも速いため、船の運行には不向きだと考えられがちですが、昔は日本の河川も多くの船が行き来していました。山で伐採した材木はいかだで運びましたし、江戸（今の東京）には多くの川があって、物を運搬する船が活躍していました。

今では想像もつかないことかもしれませんが、東京には数多くの川があり、中には船で生活していた人だっていたのです。現在では多くが暗渠にされたり埋め立てられたりしてそのおもかげもありませんが、たとえば「新橋」や「日本橋」など、「橋」がつく地名はかつて川が流れ、橋のかかっていたところがほとんどです。

現在の東京・日本橋

日本のおもな空港

新千歳空港(札幌)
北海道千歳市、苫小牧市

大阪国際空港
兵庫県伊丹市
大阪府豊中市、池田市

成田国際空港
千葉県成田市

福岡空港
福岡県福岡市

東京国際空港(羽田)
東京都大田区

中部国際空港
愛知県常滑市

関西国際空港
大阪府泉佐野市、田尻町、泉南市

那覇空港
沖縄県那覇市

④　さまざまな交通機関③－空を行く

飛行機（航空機）は遠距離を速く輸送することができますが、重量のある貨物を大量に輸送することができず、輸送費も高くつきます。そのため、国際的な貨物の動きはこれまで、船による海上輸送がほとんどをしめていました。しかし、最近では貨物専用飛行機の大型化や、専用のコンテナの開発が進み、航空貨物輸送がのびています。IC（集積回路）やコンピュータなどのエレクトロニクス（電子）製品、貴金属など高額の商品は、航空機で輸送しても、値段にしめる輸送費の割合は小さくなるので、高速という利点を生かした航空輸送が利用されています。さらに、新鮮さが大切なくだものや花、冷凍マグロ、うなぎやえびなどの生鮮食料品の航空輸送もふえています。

旅客輸送では近年、国内線、国際線とも飛行機を利用する人の割合がふえています。

おもな国内路線の旅客輸送量（定期輸送）（2019年度）

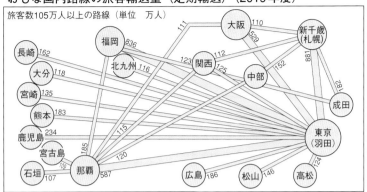

出典：「日本のすがた2021」

[日本のおもな空港]

成田国際空港［千葉県成田市］

1978年開港。日本一の貿易額をほこります。

関西国際空港［大阪府 泉佐野市・田尻町・泉南市］

1994年開港の海上空港。

中部国際空港［愛知県常滑市］

2005年開港の海上空港。

●航空輸送のおもな貿易品

輸出品

半導体等電子部品・科学光学機器※・映像機器※・電気計測機器
事務用機器など

輸入品

半導体等電子部品・医薬品・事務用機器・科学光学機器
航空機など

※科学光学機器＝カメラ・レンズなど
※映像機器＝テレビ・DVDレコーダーなど

乗降客数の多い空港（2019年）
（単位：万人）

空　港	国内線	国際線
東京国際[1]	6488	1682
成田国際	746	3208
関西国際	671	2196
福岡	1757	547
新千歳	1951	331
那覇	1746	391
大阪国際	1577	－
中部国際	640	619
鹿児島	544	33
仙台	334	38

国土交通省しらべ。1）羽田空港。

出典：「日本のすがた2021」

LCC

LCCは「ローコストキャリア」の略語で、格安航空会社のことです。飛行機の運用の効率化や、機内サービスの見直しなどで、航空運賃を低くおさえています。日本には、2000年代後半から本格的な運行がはじまっています。

ハブ空港

「ハブ」は、車輪の中心部のことで、「ハブ空港」とは、各地からの航空路が集まっていて、旅客の乗りつぎや貨物の積みかえなど、目的地に中継する機能をもった、地域のかなめとなる空港をいいます。

羽田空港は、2014年に国際線の便数が増え、国際ハブ空港としての役割を期待する意見があります。

ドローン

無線などの遠隔操作で飛ばすことのできる小型無人機のことをいいます。

攻撃や偵察などの軍事目的で開発・利用が始まり、農薬散布や航空撮影などの商用利用へと用途が拡大しました。近年では配送や通信といった分野への導入も検討されています。

2 通信・情報は世界をめぐる

1 通信とは？

　人々は生活するためにさまざまなものを運び、動かします。外国との交易などはそのひとつです。しかし「運ばれ、動かされる」ものは物体だけではありません。**情報**もまた人々の生活のために運ばれ、動かされています。情報を動かす作業が**通信**です。

●いろいろな通信

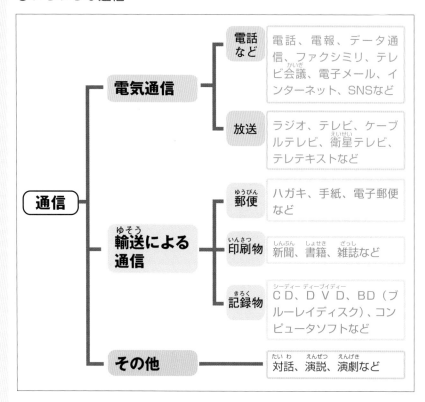

2 通信手段のいろいろ

1 郵便

　最近では電子メールがいちじるしく発達してきましたが、それまでは長い間書いたものを遠くの人に送る手だてとなってきたのは郵便でした。日本国内であれば、はがきは63円、手紙は84円からどこでも送ることができます。

　現在、国内郵便物の取りあつかい数は年間約196億通です。

　郵便物は、会社やデパート・商店などから業務用として出されるものが全体の5分の4以上をしめ、個人がおたがいの意思を伝えあう手紙としての郵便物の割合はへってきています。それは電

マスコミ

　情報を伝えるのは、電話やはがきのように1対1で伝えるものと、テレビや新聞のように一度に大勢の人に伝えるものとがあります。このうち、テレビや新聞などを通して、相手を特定せずに一度に大勢の人々に対し大量の情報を伝えることをマスコミ（マスコミュニケーション）といいます。

郵便サービス

　日本に郵便の制度がしかれたのは明治4（1871）年。それ以来135年あまりにわたって郵便局は国の機関でしたが、2007年10月に民営化されました。今後、より地域に密着した機関としてサービスの向上に努めていくことが求められます。

SNS（ソーシャル・ネットワーキング・サービス）……
インターネットを通じて、友達や同じ趣味や関心のある人々と、メッセージなどでつながりを持つサービスを、SNS（social networking service）といいます。利用には、会員登録をして参加します。登録には個人情報の入力が必要なことがあるため、情報の管理には注意しましょう。

●通信手段の発達

文字による情報	音・映像による情報
飛脚による伝達（江戸時代）	
⬇	電信（電報）の開始（1869年）
郵便の開始（1871年）	⬇
⬇	電話の登場（1890年）
日米間に海底ケーブル設置（1906年）	⬇
	ラジオ放送の開始（1925年）
⬇	⬇
	テレビ放送の開始（1953年）
電子郵便の開始（1981年）	⬇
⬇	衛星テレビ放送の開始（1984年）
ファックスの普及（1990年代）	⬇
⬇	携帯電話加入数が1000万台を突破（1996年）
	⬇

インターネットの利用者が1億人を突破する（2013年）

地上デジタル放送

以前のアナログ方式ではなく、デジタル方式を使って、音声や映像などの情報を送る地上波のテレビ放送のことです。アナログ放送でおこるような画像の乱れや雑音が少なく、ハイビジョン級の高画質の映像を楽しむことができます。2003年12月から東京・大阪・名古屋の三大都市圏の一部で放送が始まり、2012年4月には、全国でアナログ放送から完全に移行しました。

グローバル化／ガラパゴス化

国などの境を越えて、世界的に広がり一体化することをグローバル化（グローバリゼーション）といいます。いっぽう、ある地域内の環境に深く適応したために、ほかの地域から孤立してしまうことをガラパゴス化といいます。経済やコンピュータなどの分野でよく使われる言葉です。

ひとくちメモ

ふえる電子マネー

ITは、お金のやり取りにも大きな変化をもたらしています。

最近、駅の売店やコンビニエンスストアなどで、「電子マネー」を使って支払いをする人がふえてきました。「電子マネー」は、カード上に小さなICチップを埋め込んだもので、そのICチップが入金や出金の情報を管理しています。

クレジットカードと異なり、100円・200円といった少額の会計でも気軽に使うことができます。また、テレホンカードなどのプリペイド式カードと違い入金（チャージ）すれば1枚のカードをずっと使いつづけることができるのも特長です。

おもなSNSサービス

ツイッター（Twitter）、フェイスブック（Facebook）、ライン（LINE）、インスタグラム（Instagram）、ティックトック（TikTok）など、いろいろなものがあります。ツイッターは、1回に投稿できる文字数に制限があります。

メディアリテラシー

さまざまなメディアから発信される情報を適切に理解し、活用できる能力のことです。情報のあふれる現代において、ますます重要になる力です。

3 貿易による世界との結びつき

① 貿易のしくみ

　世界の国々は、どの国も貿易を通じて多くの国々とつながりをもっています。各国は、それぞれ工業製品や農産物、水産物などを生産して、自分の国で多くできるものを輸出し、不足するものを輸入しておぎなっています。このようなしくみを国際分業といい、この国際分業の結果、貿易がさかんになります。

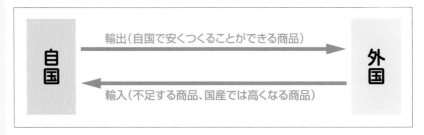

② 日本の貿易の特色は？

1 世界有数の貿易大国

　日本は、原油や天然ガスなどのエネルギー資源や、鉄鉱石などの原材料を外国から輸入するとともに、自動車やコンピュータ、集積回路などを多く輸出しています。わたしたちの生活は外国と深く結びついており、貿易をさかんにしないと、くらしや産業が成り立ちません。日本は中国・アメリカ・ドイツにつぐ**貿易国**です。

2 加工貿易で発展

　日本はこれまで、原材料を輸入し、それを工業製品に加工して輸出するという**加工貿易**を基本に発展してきました。しかし、アジア諸国や地域の工業化が進んだことなどから現在では電気機械や衣類など、**製品の輸入**も多くなっています。このように日本の加工貿易の形は変化してきています。

3 貿易黒字国

　日本の貿易額は、1970年代から大幅にふえました。1980年には輸出額より輸入額の方が多い貿易赤字でしたが、1981年以降は毎年、輸入額より輸出額の方が多い**貿易黒字**になり、外国との

ひとくちメモ

為替相場

　国際間の取引は、通貨の交換をともないます。ある国の通貨と外国通貨との交換比率を外国為替相場（為替レート）といいます。円相場が外国通貨に対して高くなることを円高といいます。たとえば、1ドル150円が100円になった状態をいいます。この状態になると、日本の輸出は不利になるのでへり、輸入は有利になってふえます。この逆の現象を円安といいます。

世界の貿易大国（単位 億ドル）
（2019年）

	輸　出	輸　入
中国	24985	20690
アメリカ合衆国	16411	24984
ドイツ	14894	12340
日本	7056	7208
イギリス	4699	6936

出典：「日本のすがた2021」

日本の貿易額の推移

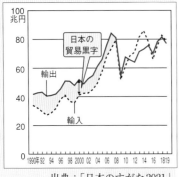

出典：「日本のすがた2021」

間で貿易摩擦がおきました。2011年以降は、再び貿易赤字になっています。

4　重化学工業製品がおもな輸出品

　機械類・自動車・精密機械・化学品・鉄鋼など、**重化学工業製品**が輸出の中心となっています。

いろいろな輸出品のわりあい

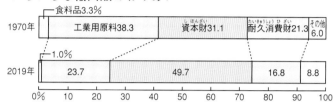

| 1970年 | 工業用原料38.3 | 資本財31.1 | 耐久消費財21.3 | その他6.0 |

食料品3.3%

| 2019年 | 23.7 | 49.7 | 16.8 | 8.8 |

1.0%

0%　10　20　30　40　50　60　70　80　90　100

いろいろな輸入品のわりあい

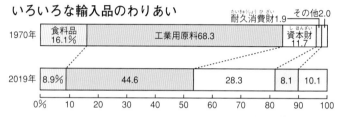

| 1970年 | 食料品16.1% | 工業用原料68.3 | 資本財11.7 | 耐久消費財1.9 | その他2.0 |

| 2019年 | 8.9% | 44.6 | 28.3 | 8.1 | 10.1 |

0%　10　20　30　40　50　60　70　80　90　100

出典：「日本のすがた2021」

③　おもな貿易品目

1　輸出品の移り変わり

　第二次世界大戦前は、**せんい製品**（綿織物・生糸・化学せんい織物）の輸出が中心でした。戦後、化学せんい織物の輸出がふえましたが、重化学工業がさかんになるにつれ、せんい製品の輸出は大きく減少しました。

　現在、輸出品の大部分は**機械類**です。これは、日本の工業がせんい工業を中心とした軽工業から重化学工業へと大きく変化していったのに対応しています。輸出品の中で多いのは**自動車**ですが、近年ではIC（集積回路）や、精密機械、通信機器など、高度な技術を使う、ハイテク製品の輸出が大きくのびています。

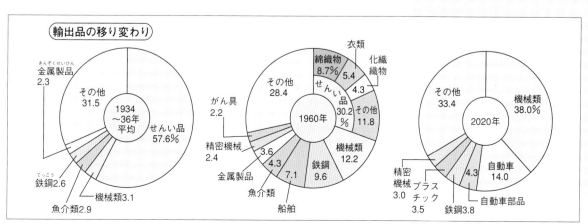

輸出品の移り変わり

1934〜36年平均：せんい品57.6%、その他31.5、金属製品2.3、鉄鋼2.6、機械類3.1、魚介類2.9

1960年：せんい品30.2%（綿織物8.7%、衣類5.4、化繊織物4.3、その他11.8）、機械類12.2、鉄鋼9.6、船舶7.1、魚介類4.3、金属製品3.6、精密機械2.4、がん具2.2、その他28.4

2020年：機械類38.0%、自動車14.0、自動車部品4.3、鉄鋼3.8、プラスチック3.5、精密機械3.0、その他33.4

出典：「日本国勢図会2021/22年版」他

2 輸入品の移り変わり

第二次世界大戦前は、せんい原料の綿花・羊毛の輸入が多く、これらを加工して綿織物などを輸出していました。

戦後、重化学工業がさかんになるにつれて、輸入品は石油・石炭・鉄鉱石などの工業原料や燃料（ねんりょう）の割合が大きくふえました。

現在は、石油などの燃料や原料の割合がへり、かわって**機械類**や衣類などの**工業製品の輸入**がふえました。また、日本は食料の自給率も低く、食料を外国から多く輸入しています。

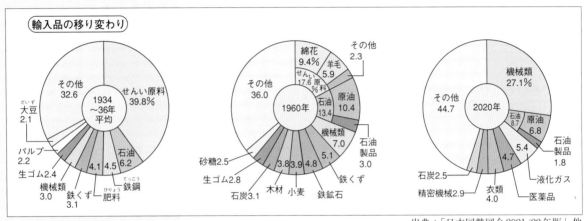

輸入品の移り変わり

1934～36年平均：せんい原料 39.8%、その他 32.6、石油 6.2、鉄鋼 4.5、肥料 4.1、鉄くず 3.1、機械類 3.0、生ゴム 2.4、パルプ 2.2、大豆（だいず）2.1

1960年：せんい原料 17.6%（綿花 9.4%、羊毛 5.9、その他 2.3）、その他 36.0、原油 10.4、石油 13.4、機械類 7.0、鉄くず 5.1、鉄鉱石 4.8、小麦 3.9、木材 3.8、石炭 3.1、生ゴム 2.8、砂糖 2.5、石油製品 3.0

2020年：機械類 27.1%、その他 44.7、原油 6.8、石油 8.7、液化ガス 5.4、石炭 2.5、精密機械 2.9、衣類 4.0、石油製品 1.8、医薬品、4.7

出典：「日本国勢図会2021/22年版」他

4 どんな国が貿易相手国？

●アメリカ合衆国

おもな輸入品は、とうもろこし・肉類などの食料品や、木材・綿花・石炭などの原料・燃料、航空機や機械類などです。

日米間の貿易では、日本からアメリカへの輸出額がアメリカから日本への輸出額を大きく上回り、貿易摩擦（まさつ）が問題となりました。

●中華人民共和国

アメリカ合衆国をぬき、**最大の貿易相手国**となりました。輸入品は野菜や魚類などの食料品やせんい製品のほか、パソコンなどの機械類が急増（きゅうぞう）しています。

日本は中国に対して貿易赤字となっています。

●その他のアジアの国々

韓国から機械類・石油製品・鉄鋼などの重化学製品を、**インドネシア**からは液化天然ガス・原油・石炭などを多く輸入しています。

●オーストラリア

食料品では肉類・小麦など、原料や燃料では石炭・鉄鉱石・羊毛などが多く輸入されています。

ひとくちメモ

中国は「世界の工場」

中国の発展のかげにあるのは、豊かで質がよく、しかもけた外れ（はず）に安い労働力です。この労働力を背景（はいけい）にして、中国製の製品は世界各国に進出し、今や中国は「世界の工場」とよばれるまでになりました。

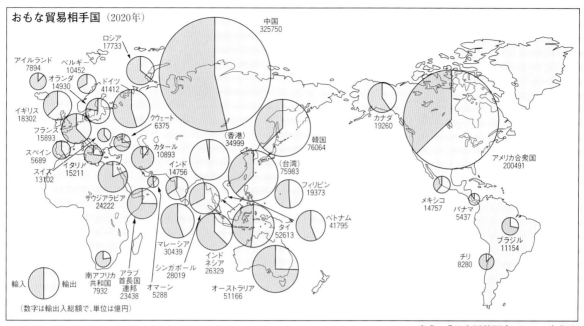

おもな貿易相手国（2020年）

（数字は輸出入総額で、単位は億円）

出典：「日本国勢図会2021/22年版」

日本のおもな国からの輸入品（2020年）

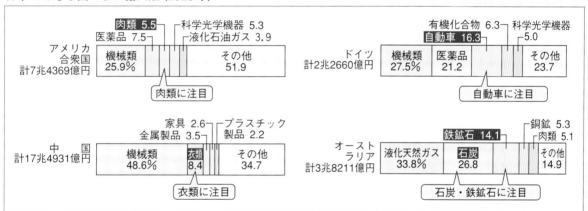

出典：「日本国勢図会2021/22年版」

⑤　おもな貿易港

　貿易港とは、輸出入品である荷物を積み出したり、受け入れたりする港・空港のことをいいます。

●成田国際空港

　日本最大の貿易港です。輸出品では航空貨物の代表である**集積回路**や**精密機械**などが大きな割合をしめています。輸入品では通信機器や医薬品などが多くなっています。

成田国際空港

●横浜港・名古屋港

　いずれも大規模な自動車工場が近くにあり、**自動車**の輸出が大きな割合をしめています。

●東京港・神戸港

　いずれも東京と大阪の大消費地をひかえているため、魚介類や肉類などの**食料品**や、衣類などのせんい品の輸入が多くなっています。

横浜港

●その他の貿易港

　　川崎港や千葉港は、その周辺で重化学工業がさかんなため、ともに石油の輸入の割合が高くなっています。

内燃機関
自動車のエンジンなどのことです。

二輪自動車
清水港からオートバイの輸出が多いのは、静岡県西部の浜松市などで生産されるオートバイが、清水港から海外へ輸出されるためです。

おもな貿易港

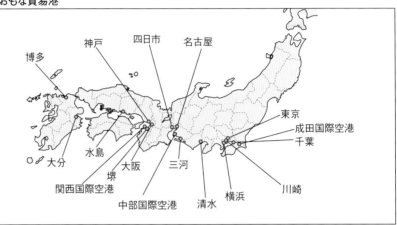

●おもな貿易港の輸出品（2019年）

貿易港	おもな輸出品（％）
名古屋	自動車26.3・自動車部品16.7・内燃機関4.3・金属加工機械3.9・電気計測機器3.4
成　田[1]	半導体等製造装置8.1・精密機械7.0・金（非貨幣用）5.7・電気回路用品3.9・集積回路3.6
横　浜	自動車19.6・自動車部品4.5・内燃機関4.5・プラスチック4.0・金属加工機械3.2
東　京	半導体等製造装置6.7・自動車部品6.5・コンピュータ部品5.4・内燃機関5.0
神　戸	プラスチック6.3・建設・鉱山用機械5.6・内燃機関3.3・織物類3.1
関　空[2]	集積回路19.0・電気回路用品6.5・精密機械6.4・個別半導体6.2
大　阪	集積回路9.3・コンデンサー8.2・プラスチック5.1・個別半導体3.8
博　多	集積回路28.3・自動車26.1・タイヤ・チューブ4.8・半導体等製造装置4.0
三　河	自動車95.4・船舶0.9・鉄鋼0.9
清　水	内燃機関12.7・自動車部品10.0・二輪自動車6.5・精密機械5.6

財務省しらべ。％は金額円による。輸出金額の多い10の港。自動車には部品をふくまない。二輪自動車には部品をふくむ。
1）成田国際空港。2）関西国際空港。

●おもな貿易港の輸入品（2019年）

貿易港	おもな輸入品（％）
成　田[1]	通信機13.7・医薬品12.3・コンピュータ8.8・集積回路8.4・精密機械8.4
東　京	衣類8.9・コンピュータ5.3・肉類4.6・魚と貝4.5・音響・映像機器3.5
名古屋	液化ガス8.4・石油7.8・衣類7.1・絶縁電線・ケーブル5.1
横　浜	石油12.0・液化ガス4.5・アルミニウム3.5・衣類3.3・有機化合物3.0
大　阪	衣類15.0・肉類6.9・家庭用電気機器3.3・金属製品3.2・鉄鋼2.8
関　空[2]	医薬品23.2・通信機14.2・集積回路6.2・精密機械5.6・衣類2.9
神　戸	たばこ6.8・衣類6.5・無機化合物4.2・有機化合物3.9・プラスチック3.1
千　葉	石油53.4・液化ガス17.4・自動車9.1・鉄鋼3.7・有機化合物2.8
川　崎	石油31.1・液化ガス29.6・肉類14.8・魚と貝5.1・石炭3.0
四日市	石油56.4・液化ガス22.0・石炭2.2

財務省しらべ。％は金額円による。輸入金額の多い10の港。液化ガスは液化天然ガス、液化石油ガスなど。石油は原油と石油製品の合計。1）成田国際空港。2）関西国際空港。

出典：「日本のすがた2021」

⑥　頭をかかえる貿易の問題

1「貿易の自由化」とは？

世界の貿易を活発にするためには、輸入制限をせず、国が輸入品にかける税（関税）を引き下げるなどして、貿易が自由に行われることが必要であり、そのための国際機関がつくられています。

● ＷＴＯ（世界貿易機関）

1995年にGATTにかわって設立された、世界貿易にかかわる問題を解決する役割をになう機関です。現在、WTOには、世界の約160の国と地域が参加しています。しかし近年、加盟国の増加にともなって加盟国間での利害が対立するなどの問題も生じています。2001年には中国がWTOに加盟しました。中国は、「世界の工場」とよばれるほど工業が発達し、中国のWTO加盟により、世界貿易がいっそうさかんになることが期待されています。さらに、2012年にはロシアが加盟しました。

● ＦＴＡ（自由貿易協定）とＥＰＡ（経済連携協定）

WTOが全世界での貿易自由化を進めようとしているのに対し、FTAは、2か国あるいは一定の地域内での貿易協定です。FTAを結んだ国どうしにかぎって関税をなくすことで、貿易をさかんにし、国際的な競争力も強化されます。

EPA（経済連携協定）は、FTA（自由貿易協定）を発展させ、経済的な協力をより進めるために結ばれた協定です。投資やサービス、知的財産権保護などの幅広い領域での共通ルールがつくられています。日本は、シンガポールをはじめとするアジア各国や、チリ、メキシコなどとEPAを結び、経済の連携強化に努めています。

● ＴＰＰ（環太平洋パートナーシップ）協定

アジア・太平洋地域における貿易自由化を推進する経済的な枠組みのひとつです。加盟国は、農作物、工業製品からサービス部門まですべての分野での関税撤廃を目指しています。2006年にシンガポール・ブルネイ・ニュージーランド・チリの4カ国間で発効しました。2010年にはアメリカ、オーストラリア、ベトナム、ペルー、マレーシアが交渉に参加しました。その後、カナダ、メキシコ、日本も交渉に加わり、2015年には大筋で合意に達しました。2017年にアメリカが離脱しましたが、アメリカ以外の11カ国は協議を続け、2018年3月に協定に署名しました。

> **GATT**
> 関税と貿易に関する一般協定。1948年に結ばれた、自由貿易を原則としていく協定。日本は1955年に加盟しました。

> **重要5項目**
> 米、麦、牛肉・ブタ肉、乳製品、砂糖の5項目。TPPは参加国間の貿易関税を原則ゼロにする取り決めですが、参加各国それぞれの事情から、例外を求める声が上がっています。日本は、国内の農業保護のため、農業分野の上記5項目を関税撤廃の対象から外すよう求めています。

アメリカとの貿易摩擦

アメリカに集中的に輸出されたせんい品・鉄鋼・テレビ・工作機械・自動車・半導体などは、そのつど日米間の話し合いが行われ、アメリカは日本側の輸出規制を要求し、日本はそれに従ってきました。

1980年代には、日本のアメリカへの輸出額が輸入額を大きく上回るようになり、自動車を現地生産して輸出台数をへらすことにつとめました。一方アメリカは、日本に対する貿易赤字をへらすために農畜産物の輸入をせまり、日本は1991年に牛肉、オレンジ、1999年に米の輸入自由化を認めました。

2021年現在、中国・台湾も参加を申請しています。

２　「貿易摩擦」で火がつくとは？

「摩擦」というのは利害の対立のことです。利害が対立すると２つの国の間に「火」がたちのぼる、つまりケンカがはじまるということです。

外国の農産物や工業製品が大量に輸入されると、その国の産業はおとろえてしまいます。また、それぞれの産業にたずさわっている人々が失業してしまう可能性もあります。そうしたことを防ぐため、輸入を制限したり、輸入品に高い関税をかけることがあります。時には労働者たちが、輸入反対運動を起こしたりもします。一方で輸出する側は、貿易の制限をやめるように求めるので、国どうしの関係が悪くなります。こうした事態を、「貿易摩擦」というわけです。

３　「セーフガード」って何を守るのかな

「セーフガード」とは、外国からの輸入が急増したことによって、国内にある同じ品物が売れなくなるなどの損害を受けた場合に、一時的に輸入を制限したり、関税を引き上げたりすることを認めた世界貿易機関（WTO）のきまりです。つまり、自国の生産者の利益をガードする（守る）という意味なのです。セーフガードをめぐって、食料輸入国の中国やインドは、自国の農業を守るためにセーフガードの発動条件をゆるやかにし、セーフガードを発動しやすくすることを主張しています。これに対し、食料輸出国のアメリカ合衆国は、輸出をしやすいように発動条件を厳しくすることを主張し、中国・インドとの間で対立しています。

1　輸送を支える運輸・交通

　現在では貨物輸送・旅客輸送とも、**輸送量第1位は自動車**です。ただし、近年では環境にやさしい鉄道の役割が見直され、**モーダルシフト**という輸送方法も登場しています。

　鉄道　⇒東京を中心に新幹線網が整備されています。

　自動車　⇒高速道路網の整備により、**宅配便**での貨物輸送が大きくのびています。

　海上輸送⇒**タンカー・コンテナ船**などの専用船が活躍しています。

　航空機　⇒ICやコンピュータなどの高額な商品や、魚介類などの生鮮食料品が輸送されます。

2　通信・情報は世界をめぐる

　携帯電話・ファクシミリ・電子メール・インターネットなどが広く普及し、通信手段は大きく変化しました（**IT革命**）。その一方で、個人情報をどう保護するかなど、新たな課題も生じています。

3　貿易による世界との結びつき

　日本は世界有数の貿易大国です。日本はこれまで**加工貿易**で発展してきましたが、近年は**製品の輸入**もふえています。

　長い間日本は**貿易黒字**が続き、アメリカなどとの間に**貿易摩擦**（まさつ）が生じてきました。**日本の最大貿易相手国**は、アメリカを抜き、**中国**となりました。

　世界の自由貿易を進める機関として**WTO**が設立されているほか、**自由貿易協定（FTA）**や**経済連携協定（EPA）**（れんけい）も数多く結ばれています。

　日本は2013年から**TPP（環太平洋パートナーシップ）協定**の会合に参加し、2018年3月に協定に署名しました。

この章のまとめ

第5章
日本の動脈

メモ

第1部

6

第6章　地球からの恵み

人々が社会生活をいとなむためには、生活環境を整えなければいけません。そのなかでもとくに大切な水をはじめとする資源、ゴミそして公害・環境問題について考えてみましょう。

1 資源

[1] 水とわたしたちの生活

世界と日本の河川の勾配

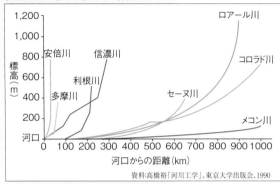

資料:高橋裕「河川工学」、東京大学出版会、1990

全国の水使用量（淡水のみ）

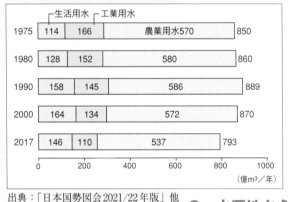

出典：「日本国勢図会2021/22年版」他

1 水はどこからくるの？

水資源のもとは降水、つまり雨水です。ですから、降水量が少ないと、たちまち水不足になってしまいます。

日本の場合、年間の降水量は約1700mmで、これは世界平均の約2倍です。しかし、水資源はけっして豊かであるとはいえません。日本の河川は急なので、数百mmの降雨があっても、数日でその大部分が海に戻ってしまい、たくわえられることがないのです。

わたしたちが使う水は、使い道に応じて**農業用水・工業用水・生活用水**に分類されます。使用量が最も多いのは農業用水ですが、生活用水ののびが最も大きくなっています。

2 水源地から蛇口まで

水源地から水道の蛇口まで、水がどのようにして届くのかをみてみましょう。

水路のネットワーク

① 水源林―緑のダム

水源地の山々に降った雨は、落ち葉が積み重なりスポンジのようにふかふかになった森林の土にしみこみ、たくわえられ、少しずつ川に流れ出ていきます。この森林を水道水源林、あるいは「緑のダム」とよんでいます。

> **水源林の役割**
> 1. 雨水を蓄えておく水源かん養機能
> 2. 樹木や草の根が土砂の流出を防ぐ機能
> 3. 雨水の不純物（ちりなど）を取り除く浄化機能

② ダム・貯水池

　いつも水を安定して送るために、水をためておくのがダムです。また、発電・水道・治水など、いろいろな目的をあわせもつ、多目的（たもくてき）ダムなどもあります。しかし、ダム建設は環境への影響（えいきょう）や多額の費用など多くの問題もかかえています。

利根川のダム

矢木沢ダム　奈良俣ダム　湯西川ダム　五十里ダム　藤原ダム　川俣ダム　川治ダム　相俣ダム　薗原ダム　草木ダム　八ッ場ダム　下久保ダム　渡良瀬川　渡良瀬貯水池　利根川　荒川　野田緊急暫定導水路　武蔵水路　群馬県　茨城県　埼玉県　東京都　千葉県

③ 浄水場（じょうすいじょう）

　浄水場では、河川などから取り入れた水（原水）を、法律に基づく水質基準に適合した水道水として送り出しています。通常「沈（ちん）でん」「ろ過（か）」「消毒」の3段階で、浄水処理を行っています。

> **東京でも取水制限がある！**
> 東京都では毎日1人あたり約214L（2019年）の水を使用しています。そのための水源の約8割をしめている利根川・荒川水系では、近年の降水量がへっていることもあり、最近10年間で夏冬あわせて5回の取水制限が実施されています。このため渇水時（かっすい）（水が少ない時期）も、できるだけ給水ができるよう、水源を確保していく必要があります。

震災にそなえて（しんさい）

地理 おもしろ知識

　水道は、ガス・電気などとともに生活に欠かせない**ライフライン**ですが、大地震などの災害が起こると、こうしたライフラインが断（た）たれてしまうことがあります。

　1995年の阪神（はんしん）・淡路（あわじ）大震災では、水道やガスがつかえなくなり、多くの人が不便を感じました。その教訓（きょうくん）をもとに、多くの水道局では災害時にも可能な限り給水ができるよう、施設の向上に取り組んでいます。

　公園などの地下には応急給水槽（おうきゅうきゅうすいそう）が設置され、水槽の水は配水管との間を循環（じゅんかん）するしくみになっているので、常に新鮮な水が確保されています。

■応急給水槽のしくみ

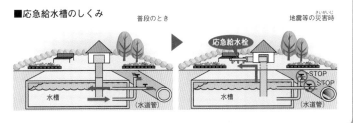

普段のとき　地震等（さいがいじ）の災害時　応急給水栓　水槽　水槽　（水道管）　（水道管）

3　生活を支えた水－下水道

　家庭や工場などから出された下水は、下水道を通って処理場（水再生センター）に運ばれ、きれいにしてから川や海に流したり、一部は工場などで再利用されたりします。

下水処理［場］のしくみ

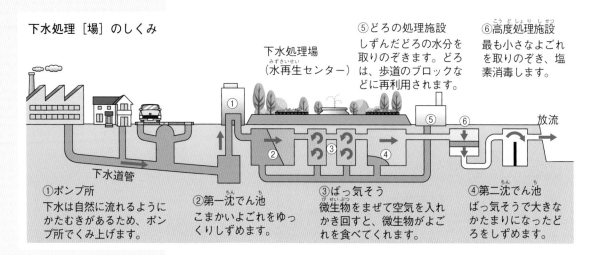

⑤どろの処理施設
しずんだどろの水分を取りのぞきます。どろは、歩道のブロックなどに再利用されます。

⑥高度処理施設
最も小さなよごれを取りのぞき、塩素消毒します。

下水処理場
（水再生センター）

放流

①ポンプ所
下水は自然に流れるようにかたむきがあるため、ポンプ所でくみ上げます。

②第一沈でん池
こまかいよごれをゆっくりしずめます。

③ばっ気そう
微生物をまぜて空気を入れかき回すと、微生物がよごれを食べてくれます。

④第二沈でん池
ばっ気そうで大きなかたまりになったどろをしずめます。

下水道管

一次エネルギー供給割合の推移（会計年度）

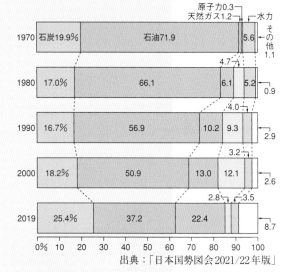

					原子力0.3 天然ガス1.2	水力
1970	石炭19.9%	石油71.9				5.6 その他1.1
1980	17.0%	66.1	4.7	6.1	5.2	0.9
1990	16.7%	56.9	4.0 10.2	9.3		2.9
2000	18.2%	50.9	3.2 13.0	12.1		2.6
2019	25.4%	37.2	22.4	2.8 3.5		8.7

0% 10 20 30 40 50 60 70 80 90 100

出典：「日本国勢図会2021/22年版」

石油を原料とするもの

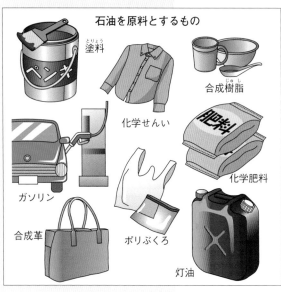

塗料　合成樹脂　化学せんい　肥料　化学肥料　ガソリン　ポリぶくろ　合成革　灯油

② 地下資源とエネルギー

1　エネルギー使用量は現在激増中

　人間が暮らしていくうえで、あるいは産業活動を行ううえで、動力や電力はなくてはならないものです。その動力や電力を生み出すものが、**石油・石炭・天然ガス・ウラン**（原子力の燃料）といったエネルギー資源です。

　世界のエネルギー使用量はこの50年で一気にそれ以前の5倍以上にはねあがりました。100年前とくらべると、25倍ものエネルギーを使っていることになります。

2「油上の楼閣」——石油づけの社会

　日本では、消費されるエネルギーのおよそ50％を石油がしめています。石油はおもにガソリンや灯油など燃料として使われ、全体の10数％は発電用にも使われています。かつて日本では、消費される一次エネルギーのうち、70％以上を石油がしめていましたが、政府の方針にもとづいてその割合はしだいに低下しています。

私たちの身の回りを見ると、乗り物や暖房用の燃料、プラスチックや衣類などの化学製品の原料など、いたるところで石油が使われています。工業ばかりではなく、農業や漁業でも温室や農機具、漁船や養殖、輸送に石油が使われています。

日本では消費量の99%以上を外国からの輸入にたよっています。

3　世界をゆるがした「オイルショック」

1970年代、おもな産油国が集まる中東地域では石油価格を大幅に引き上げ、生産量をへらす方針を打ち出しました。そのため1973年と1979年の2度にわたり「石油危機（オイルショック）」がおこり、世界の経済は大混乱におちいりました。それ以来、政府はエネルギー源のうち石油にたよる割合をへらすとともに、石油の輸入先も分散化して中東地域に依存する割合を少なくし、緊急の場合にそなえて国内で石油を備蓄する（たくわえておく）施設を充実させることにつとめてきました。

現在では、日本の一次エネルギーにしめる石油の割合は下がり、また、国家と民間とを合わせて約245日分の石油が備蓄されています。

原油の輸入先 （2019年）

ロシア 5.4
クウェート 8.5
カタール 8.8
アラブ首長国連邦 29.7
サウジアラビア 35.8%
その他 11.8
1億7386万kL

出典：「日本のすがた2021」

中東地域のおもな国々

イラク　イラン　クウェート　サウジアラビア　カタール　アラブ首長国連邦

4　採掘可能年限—エネルギー源が底をつく？

現在世界では、石油、天然ガス、ウラン、石炭を利用していますが、石炭とウラン以外は50年くらいで使用できなくなるといわれています。また、実際に存在してもコスト的に合わなくなってしまうでしょう。石炭とウランのみが100年以上使用できますが、二酸化炭素や窒素酸化物、硫黄酸化物の出る量が多くなってしまいます。

石油の備蓄

石油の備蓄はオイルショックをきっかけに始まりました。始めのうちは大型タンカーをつないでそこに備蓄していましたが、現在では各地に専用の備蓄基地が建設されています。中でも鹿児島県の喜入石油備蓄基地は、世界最大級の貯蔵能力をほこっています。

世界のエネルギー資源確認埋蔵量

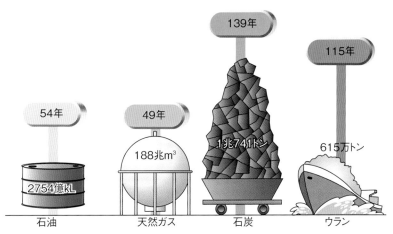

54年　2754億kL　石油
49年　188兆m³　天然ガス
139年　1兆741トン　石炭
115年　615万トン　ウラン

日本原子力文化財団「原子力・エネルギー図面集」より作成。

液化天然ガスの輸入先（2019年）

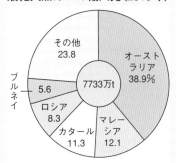

その他 23.8／オーストラリア 38.9%／ブルネイ 5.6／ロシア 8.3／カタール 11.3／マレーシア 12.1／7733万t

出典：「日本のすがた2021」

液化天然ガス
日本は天然ガスの産出国から遠いので、気体の天然ガスを冷やして液体にし、「液化天然ガス」として専用船（LNG船）で輸入しています。

シェールガス／メタンハイドレート
シェールガスは、頁岩というたいせき岩の中に含まれる天然ガス、メタンハイドレートは、低温で高い圧力で固まった氷の中に含まれるガスのことです。開発には、コストや技術などでいろいろな課題があります。

5 石炭なら大丈夫なの？

石炭は石油にくらべると広い地域に分布しています。そのためアジアをはじめとして、世界の各地で主要なエネルギー源として利用されています。しかし、石炭は燃やすとさまざまな有害物質が発生します。最も多いのが二酸化炭素で、地球温暖化の原因となります。そのため、先進国では石炭の利用を制限する取り組みをしています。しかし、発展途上国では対策が進まず、大気汚染、二酸化炭素排出のおもな原因となっています。

6 天然ガス—クリーンなエネルギーとして

天然ガスは石油や石炭にくらべて二酸化炭素の排出量が少ないということで、注目されています。二酸化炭素の排出量は、石炭100に対して石油が約80、天然ガスだと約57になります。

7 くらしや産業を支える電力

電気はおもに、火力・水力・原子力発電所でつくられています。日本では1960年ごろまで水力発電が中心でしたが、その後火力発電の割合が高まりました。近年では原子力発電の割合がふえていましたが、東日本大震災の影響などで、現在は火力発電が中心です。

●水力発電

水の落ちる力を利用して水車を回し、発電機を回転させて電気をつくります。燃料を必要とせず、二酸化炭素

●水力発電のしくみ（揚水式の例）

なども排出しない長所がありますが、大規模なダムが必要なことが短所です。

●火力発電

石炭・石油・液化天然ガスなどを燃やした熱で蒸気をつくり、この蒸気の力で発電機を回転させて電気をつくります。

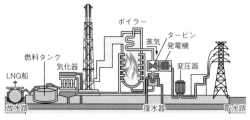
●火力発電のしくみ（液化天然ガス火力の例）

●原子力発電

　原子炉の中でウランが核分裂する時に発生する熱を利用して蒸気をつくり、この蒸気の力で発電機を回転させて電気をつくります。わずかな燃料から大きなエネルギーを取り出すことができ、燃料をくり返し利用できる長所があります。日本では1966年に茨城県に初めて原子力発電所が建設されました。その後各地で建設が進み、2000年には日本の総発電量のおよそ30％になりましたが、2011年の東日本大震災で福島第一原子力発電所が被災、2013年9月にはすべての原子力発電所が運転を停止しました。2015年8月、新たな基準の下で再稼働が始まりました。

●原子力発電のしくみ（加圧水型の例）

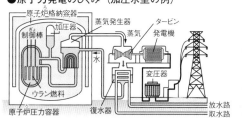

日本の原子力発電所（2020年12月9日現在）

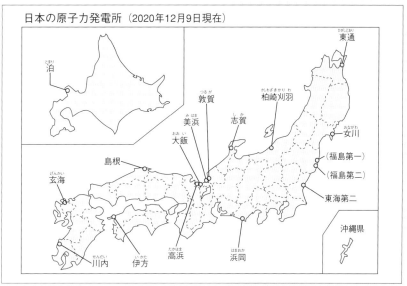

原子力安全推進協会しらべ。＊福島第一原子力発電所、福島第二原子力発電所は廃炉になりました。
出典：「日本のすがた2021」

●原子力発電の問題点

　原子力発電の場合、使用済み燃料（放射性廃棄物）を処理する方法が確立されていないことや、原子力の安全性に不安を感じる人もいます。1986年のチェルノブイリ発電所の爆発など大きな事故も起きています。2011年の福島第一原子力発電所の事故では、すべての電源が失われて原子炉がメルトダウン、爆発も起こり、大量の放射性物質がもれ出しました。現在も発電所の近くは立ち入りが制限されています。

原子力発電所をめぐるおもな事故

1986年…ウクライナのチェルノブイリ発電所で爆発事故、放射能もれ。
1995年…福井県敦賀市の高速増殖原型炉もんじゅでナトリウムもれの事故。
1997年…福井県敦賀市の原子炉ふげんで放射能もれ、11人が被ばく。
1999年…茨城県東海村の核燃料加工施設で臨界事故。2人死亡。
2004年…福井県美浜町で原子炉の配管が破損し、高温の蒸気で5人死亡。
2011年…東日本大震災の影響で、福島第一原子力発電所で、爆発やメルトダウンが起きる。

発電のエネルギー源の変化
総発電量のわりあい

年	水力	火力	原子力	新エネルギー
1950年	81.7%	18.3		
1960年	50.6%	49.4		
1970年	22.3%	76.4	1.3	
1980年	15.9%	69.6	14.3	0.2
1990年	11.2%	65.0	23.6	0.2
2000年	8.9%	61.3	29.5	0.3
2010年	7.8%	66.7	24.9	0.6
2018年	8.7%	82.3	6.2	2.7

資源エネルギー庁、電気事業連合会しらべ。新エネルギーとは、風力、太陽光、地熱など。

出典：「日本のすがた2021」

8　再生可能エネルギー ～新エネルギー～

　自然の活動によってエネルギー源が絶えず再生され、半永久的に供給され、継続して利用できるエネルギーのことをいいます。

●太陽エネルギー

　太陽の光や熱を集めて利用します。このエネルギーはほぼ無限で、くり返し何回も使えるので「再生可能エネルギー」ともよばれています。

●風のエネルギーの活用─風力発電

　風の力で回るプロペラの動力で発電するのが、風力発電です。プロペラの軸の動力が発電機に伝えられて、電気ができます。その動力として自然にある風を使います。

三重県北部の青山高原の風力発電

地熱発電のしくみ

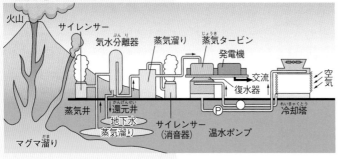
火山　サイレンサー　気水分離器　蒸気溜り　蒸気タービン　発電機　交流　復水器　空気　蒸気井　還元井　地下水　サイレンサー（消音器）　蒸気溜り　温水ポンプ　冷却塔　マグマ溜り

●地熱発電

　火山の地熱を利用して発電する方法で、世界でも有数の火山地帯である日本には、多くの地熱発電所があります。火山の近くからわき出てくる水蒸気や熱水を利用して蒸気タービンを回して発電します。

●バイオマス発電の可能性は…

　バイオマス発電とは、おもに植物を利用して発電する方法です。家庭から出る生ゴミや家畜の排泄物、雑木林などからメタンガスをつくり、そのガスを利用して発電します。

バイオマス発電

二酸化炭素　光合成　発電所　生ゴミ・排泄物　植物

1kWhあたりの発電費用

従来のエネルギー	原子力	10.1円
	火力 石炭	12.3円
	LNG	13.7円
	水力	11.0円
新エネルギー	風力	21.5円
	地熱	16.9円
	太陽光 メガソーラー	24.2円
	住宅	29.4円

(2014年 モデル試算)（資源エネルギー庁資料）

●実用化が進む「燃料電池」

　水素と酸素を反応させて発電する方法で、二酸化炭素は発生せず、水だけが発生します。最も有望なクリーンエネルギーといわれ、携帯電話やパソコンなどの電池として実用化が進んでいます。

ひとくちメモ　【バイオエタノール】

　とうもろこしやさとうきびなどの植物を発酵させてつくった燃料で、ガソリンと混ぜて自動車の燃料として利用され、急速に需要が高まっています。アメリカ合衆国ではとうもろこし、ブラジルではさとうきびを原料としています。バイオエタノールは、燃やすと二酸化炭素を排出しますが、原料である植物が光合成で二酸化炭素を吸収するため、環境への負担が小さい燃料とされています。石油に代わるエネルギーとして注目され、需要がふえていますが、需要の増加によって飼料用のとうもろこしが不足し、とうもろこしの価格が値上がりするという問題も起きています。

2 自然の脅威—災害

　自然はさまざまな恵みをもたらす一方で、時には人間に対しするどい牙をむき出し、多大な被害を与えます。自然がもたらす「天災」について学習しましょう。

① 各地で起こる天災

1 さまざまな災害

① 地震・火山活動

　地震は予知が難しく、ひとたび発生すると建物の崩壊や大火災を引き起こし、時には津波の被害も出します。火山の噴火も、周辺住民に避難生活を強いることになります。

　環太平洋造山帯に含まれる日本は山が多く、世界でも地震・火山活動の活発な地域です。

マグニチュードと震度
地震そのものの大きさが「マグニチュード」、場所ごとの地面のゆれの強さが「震度」です。

地震国ニッポン
日本では体に感じる地震だけで年間1000回以上起きています。日本の国土面積は世界の陸地の0.3％ですが、世界の地震の20％以上が起きています。

津波
地震の震動で海底が動き、それが海面の動きとなって周りに広がっていくのが津波です。海岸に達すると大きな被害をもたらします。

気象被害の多い地域

日本で発生した大地震と火山の噴火

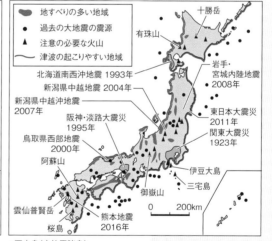

*西之島(小笠原諸島)

② 気象にかかわる災害—風水害

　熱帯低気圧の一種である**台風**が発生すると、**強風**や**高潮**などが発生し、農作物や水産物などに大きな被害を与えます。

　台風は、**インド洋**では**サイクロン**、**メキシコ湾**では**ハリケーン**とよばれます。

　日本では、台風の通り道にあたる西日本で洪水やがけ崩れがよく起きますが、逆に空梅雨や台風の少ない時には水不足が深刻になります。また、東北・北海道地方では、夏の気温が低いと**冷害**が起こり、雪の多い地方では冬の**雪害**になやまされることもあります。2005年12月から2006年3月にかけては、日本海側を中心に大雪となりました（平成18年豪雪）。

「防災の日」と「防災ボランティアの日」
1923年に関東大震災がおきた9月1日を「防災の日」、1995年に阪神・淡路大震災がおきた1月17日を「防災ボランティアの日」として、全国各地で防災訓練などが行われています。

2 都市化と自然災害

東京・大阪・名古屋などの大都市では近年、夏場に集中豪雨やはげしい落雷が発生し、**都市型洪水**を引き起こしています。ごくせまい地域に急に起こるため、ゲリラ豪雨ともいわれます。

> **ひとくちメモ　ヒートアイランド現象**
>
> 　都市型洪水とも関係が深いと考えられているのがヒートアイランド現象です。「ヒート」は熱、「アイランド」は島の意味で、都市部の気温だけが周辺地域よりも異常に高くなる現象です。クーラーの使用による熱の放出、地面がコンクリートにおおわれることによる強い照り返しなどが原因です。

避難場所などが記された水害ハザードマップ

2 災害へのそなえ

1 阪神・淡路大震災の教訓

1995年に兵庫県で発生した阪神・淡路大震災では、電気・水道・電話など、生活に欠かせない**ライフライン**が各所で絶たれ、都市の生活が災害に弱いことが証明されました。震災のように予知の難しい災害では、発生後の被害拡大をいかに少なくするかが課題です。自衛隊の出動、救援車の優先通行、**ボランティア活動**のあり方などが、この大震災をきっかけに見直され、2011年の東日本大震災でも活用されました。

2 天災は忘れたころにやってくる

防災対策には、一人一人の心がけも大事です。県や市町村が発行する**ハザードマップ**（災害の範囲を予測し、地図にあらわしたもの）などを活用することも大切です。

> **ひとくちメモ　東日本大震災**
>
> 　2011年3月に、マグニチュード9.0の東北地方太平洋沖地震が発生しました。地震のゆれのほかに、巨大津波や地盤の液状化現象などがおこり、東北・北海道・関東地方にわたっての大災害となりました。この震災で、福島第一原子力発電所が破壊され、放射性物質が外にもれ出すという深刻な事故になりました。

> **ひとくちメモ　広島土石流災害**
>
> 　2014年8月の豪雨で、広島市の山を背にした住宅地の各地で土石流が起こり、74人が死亡し、多くの家に被害が出ました。短い時間に大量の雨が集中して降ったことが原因のひとつとされています。

3 地球環境問題
――青く丸い地球を守るために

　地球からの恵みを受けて生きているはずの私たちが過度な開発を続けた結果、地球規模の環境破壊が進んでいます。

温室効果ガス
太陽からの光をよく通し、地面や海面から放出される赤外線をよく吸収するガス。二酸化炭素のほか、メタンガス・亜酸化窒素・フロンガスなど。

1 さまざまな環境問題

1 地球温暖化

　石油や石炭などの**化石燃料**を燃やすと二酸化炭素などの**温室効果ガス**が排出され、地球の熱を宇宙に逃がすことをさまたげ、地球の気温が上昇します。

　地球温暖化が進むと南極などの氷が溶けて海面が上昇し、低い土地は水没するほか、異常気象も引き起こします。

地球温暖化のしくみ

赤外線
（放出が少なくなる）

オゾン層

温室効果ガス
（二酸化炭素など）

温暖化

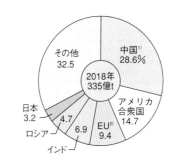

その他
32.5

中国[1]
28.6%

2018年
335億t

日本
3.2
4.7
ロシア
EU[2]
9.4
インド
6.9

アメリカ
合衆国
14.7

国際エネルギー機関（IEA）しらべ。
1）香港をふくむ。2）イギリスをふくむ。

出典：「日本のすがた2021」

おもな国・地域の二酸化炭素（CO_2）
排出量のわりあい（CO_2かん算）

●温暖化防止のための国際協力

　1997年に京都市で開かれた国際会議で**京都議定書**という合意文書が採択され、二酸化炭素を多く排出する先進国に対して二酸化炭素の削減義務を定めました。日本も2008年から2012年までに、1990年より6％の削減が義務づけられました。5カ年平均で、総排出量は増加しましたが、森林の吸収分などの調整をした値は基準年比−8.4％となり、目標を達成しています。

　京都議定書に代わる新しい地球温暖化対策の国際ルールとして、2015年12月パリで開催されたCOP21で**『パリ協定』**が採択されました。パリ協定は、先進国、発展途上国を問わず、全ての国が参加し、世界の平均気温の上昇を産業革命前と比べて＋2℃未満に抑え、21世紀後半には温室効果ガスの排出を実質ゼロにすることを目標としています。

ひとくちメモ

**クールビズ
ウォームビズ**

　夏にはノーネクタイの軽装、冬には一枚多く着ることで室内温度を見直し、温暖化防止に貢献する試みです。このほか、待機電力を見直す、打ち水をするなど、一人一人のエネルギー節約も温暖化防止には有効です。

PM2.5
直径2.5マイクロメートル以下の細かな粒子状物質です。吸い込んだ時の健康への影響が心配されます。

黄砂

冬の終わりから春の初めにかけて、「黄砂」という黄色い砂が、中国北西部やモンゴルの砂漠乾燥地帯の風に巻き上げられて、朝鮮半島や日本列島まで運ばれてきます。大量に降ると洗濯物や車が汚れたりするだけでなく、目やのどが痛くなったり、農作物に被害が出たりします。

2　オゾン層の破壊

冷蔵庫の冷媒や、エアコン・スプレーなどに使われてきた**フロンガス**が、成層圏（地表から10〜50km）にあるオゾン層を破壊します。赤道付近をのぞく地球全体（特に北極・南極）でオゾン層に大きな穴があいた**オゾンホール**が観測されています。

オゾン層が破壊されると人体に有害な紫外線が直接地表に降り注ぐことになり、皮膚がんや白内障にかかる人が増加します。

●オゾン層の保護対策

現在ではフロンガスの使用は全面的に禁止されています。フロンガスの使用が全面的に停止されると、オゾン層は2050年ごろ回復されるとも見込まれています。

3　酸性の雨が降る！―酸性雨問題

工場や自動車から排出される**硫黄酸化物・窒素酸化物**が大気中の水蒸気に溶け、雨や雪、霧などとともに酸性雨となって降り注ぎます。酸性雨は1960年代から降り始め、1980年代に入ってから、その影響は深刻化しました。

●酸性雨の影響

湖や沼、川の生物を死滅させ、森林も枯れてしまいます。ドイツのシュバルツバルト（黒い森＝ドイツ南部の広大な森林地帯）は、世界で最も酸性雨の被害が大きい地域です。

4　砂漠化

放牧のし過ぎや過剰な耕作が原因で、地球上の全陸地の約8％にあたる地域で砂漠化が進行しています。アジアやアフリカ（サハラ砂漠の南側の地域）などで被害が深刻です。中央アジアのアラル海は、ほとんど水がなくなっています。

5　激減する熱帯林―「地球の肺」をすくえ

熱帯林はアジア・アフリカ・南アメリカの熱帯に分布し、地球全体の生物種の半数以上のすみかであると同時に、地球の酸素の4分の1をつくりだす「地球の肺」です。

焼畑農業のしすぎや、輸出のための森林伐採によって、熱帯林が減少しています。2000年から2010年の間に、年平均で約520万haの森林が失われたといわれ、その多くが熱帯林とされます。

焼畑農業

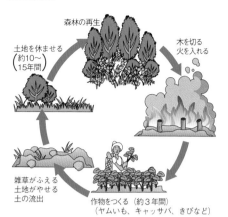

- 森林の再生
- 木を切る 火を入れる
- 土地を休ませる（約10～15年間）
- 雑草がふえる 土地がやせる 土の流出
- 作物をつくる（約３年間）（ヤムいも、キャッサバ、きびなど）

日本人と熱帯林

日本はまず、1950年代にフィリピンから熱帯林の木材輸入を開始しました。過剰（かじょう）な伐採の結果、今ではフィリピンの山ははげ山ばかりです。現在では、日本はマレーシア・インドネシア・パプアニューギニアなどから熱帯林の木材を輸入し、建築用木材や割りばし、コピー用紙などに使用しています。

日本へ輸出するエビを養殖するためのマングローブ伐採も熱帯林破壊の大きな要因となっています。

環境問題のフローチャート

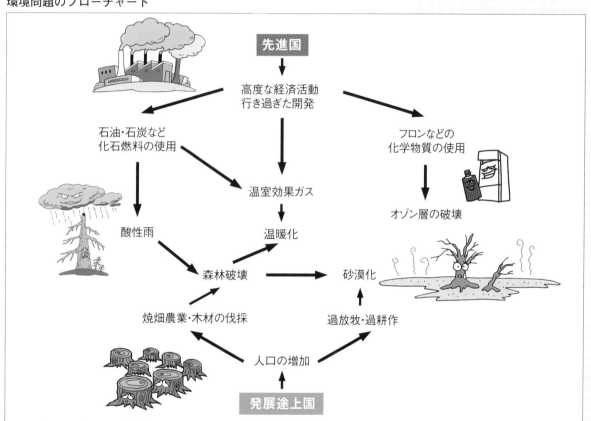

- 先進国
- 高度な経済活動 行き過ぎた開発
- 石油・石炭など 化石燃料の使用
- フロンなどの 化学物質の使用
- 温室効果ガス
- オゾン層の破壊
- 酸性雨
- 温暖化
- 森林破壊
- 砂漠化
- 焼畑農業・木材の伐採
- 過放牧・過耕作
- 人口の増加
- 発展途上国

地球環境問題の深刻な地域

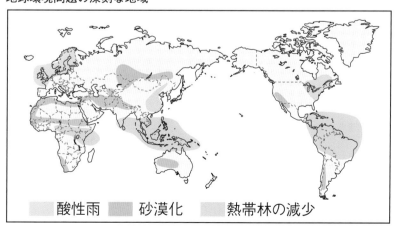

　　酸性雨　　　砂漠化　　　熱帯林の減少

環境基本法

「地球サミット」を受けて、日本では地球規模の環境問題に取り組むための環境基本法が制定されました（公害対策基本法は廃止）。

南北問題／南南問題

地球の北半分に多い先進国、南半分に多い途上国との間で広がる経済格差に関する問題を一般に南北問題といいます。南南問題は、途上国の間での経済格差の問題のことをいいます。

ラムサール条約のおもな登録地

クッチャロ湖
霧多布湿原
釧路湿原
宮島沼
ウトナイ湖
厚岸湖・別寒辺牛湿原
片野鴨池
佐潟
尾瀬
中海
宍道湖
伊豆沼・内沼
奥日光の湿原
谷津干潟
藤前干潟
琵琶湖
漫湖

0　200km

2　環境を守るための取り組み

1　国際的な話し合い

地球規模の環境問題を解決するには、全世界が協力することが必要です。

①　国連人間環境会議

1972年、スウェーデンの首都ストックホルムで開催され、124か国、約1200人の代表が参加しました。人間環境という、人類共通の問題をテーマに開催された最初の国際会議です。

『かけがえのない地球』をスローガンに、「人間環境を保護し、改善させることは、すべての政府の義務である。」として、**『人間環境宣言』**が採択されました。

②　国連環境開発会議〔地球サミット〕

国連人間環境会議の20周年を記念して、**1992年にブラジルのリオデジャネイロで開催**されました。

参加国総数は172か国・参加者は約3万人。**『持続可能な開発』**をスローガンに、環境を守りながら発展を続けるための話し合いが行われました。

この後、1997年には地球温暖化防止京都会議（COP3＝第3回気候変動枠組条約締約国会議）が開かれました。COPはその後も継続して開かれ、2015年のCOP21では「パリ協定」が採択されました。

③　持続可能な開発に関する世界首脳会議〔環境開発サミット〕

2002年、南アフリカ共和国のヨハネスブルクで、190か国・約2万人が参加して開催されました。

「地球サミット」のテーマ『持続可能な開発』をどう実現していくかが話し合われ、南北問題の解消も重要な議題となりました。

2　国際的な条約

①　ラムサール条約（国際湿地条約）

正式名は『特に水鳥の生息地として国際的に重要な湿地に関する条約』といい、現在日本を含めて世界約170か国が加入している国際条約です。

日本では、渡り鳥などが多い水鳥の住むところで、特に重要性の高い湿地52か所を登録してその環境保護に努めています。

② 世界遺産条約

人類共通の自然や文化を残すために1972年に国際連合のユネスコ（国連教育科学文化機関：UNESCO）で採択されました。

日本では白神山地をはじめ、25か所が登録されています。

日光東照宮（栃木県）

世界遺産条約の登録地（年次は登録年）

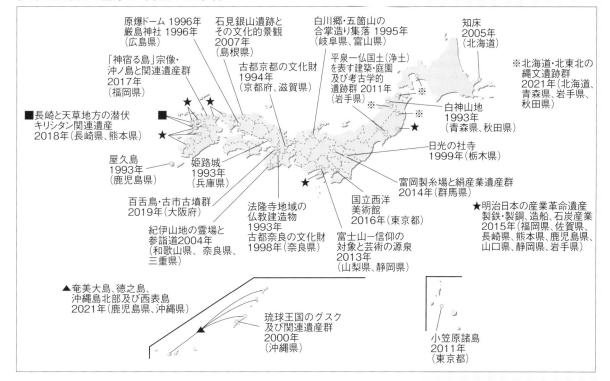

原爆ドーム 1996年
厳島神社 1996年
（広島県）

石見銀山遺跡と
その文化的景観
2007年
（島根県）

白川郷・五箇山の
合掌造り集落 1995年
（岐阜県、富山県）

知床
2005年
（北海道）

「神宿る島」宗像・
沖ノ島と関連遺産群
2017年
（福岡県）

古都京都の文化財
1994年
（京都府、滋賀県）

平泉－仏国土（浄土）
を表す建築・庭園
及び考古学的
遺跡群 2011年
（岩手県）

※北海道・北東北の
縄文遺跡群
2021年（北海道、
青森県、岩手県、
秋田県）

■長崎と天草地方の潜伏
キリシタン関連遺産
2018年（長崎県、熊本県）

白神山地
1993年
（青森県、秋田県）

屋久島
1993年
（鹿児島県）

姫路城
1993年
（兵庫県）

日光の社寺
1999年（栃木県）

富岡製糸場と絹産業遺産群
2014年（群馬県）

百舌鳥・古市古墳群
2019年（大阪府）

法隆寺地域の
仏教建造物
1993年
古都奈良の文化財
1998年（奈良県）

国立西洋
美術館
2016年（東京都）

★明治日本の産業革命遺産
製鉄・製鋼、造船、石炭産業
2015年（福岡県、佐賀県、
長崎県、熊本県、鹿児島県、
山口県、静岡県、岩手県）

紀伊山地の霊場と
参詣道2004年
（和歌山県、奈良県、
三重県）

富士山－信仰の
対象と芸術の源泉
2013年
（山梨県、静岡県）

▲奄美大島、徳之島、
沖縄島北部及び西表島
2021年（鹿児島県、沖縄県）

琉球王国のグスク
及び関連遺産群
2000年
（沖縄県）

小笠原諸島
2011年
（東京都）

③ ワシントン条約

正式名を『絶滅の恐れのある野生動植物の種の国際取引に関する条約』といい、絶滅の恐れのあるゴリラ・ジャイアントパンダ・ツキノワグマなど約900種の野生動植物の売買（国際商業取引）を制限した条約です。ワシントンで開かれた会議で採択されました。

3　さまざまな取り組み

① 美しい日本の自然―国立公園と国定公園

A　国立公園

すぐれた日本の風景地を保護することを目的として、国（環境省）が指定し、管理します。現在34か所。

国立公園内を開発したり、道路を建設したりする場合には国の許可が必要となります。

B　国定公園

すぐれた日本の風景地を保護することを目的として、国（環境省）が指定し、都道府県が管理します。現在58か所。

ひとくちメモ

世界各地の世界遺産

万里の長城（中国）

バーミヤン遺跡
（アフガニスタン）

ベルサイユ宮殿（フランス）

ピラミッド（エジプト）

グランドキャニオン国立公園
（アメリカ）

ウルル〔エアーズロック〕
（オーストラリア）

マチュ・ピチュの歴史保護区
（ペルー）

第6章
地球からの恵み

日本の国立公園

① 利尻礼文サロベツ国立公園
② 知床国立公園
③ 阿寒摩周 国立公園
④ 大雪山国立公園
⑤ 支笏洞爺国立公園
⑥ 釧路湿原国立公園
⑦ 十和田八幡平国立公園
⑧ 三陸復興国立公園
⑨ 磐梯朝日国立公園
⑩ 尾瀬国立公園
⑪ 日光国立公園
⑫ 秩父多摩甲斐国立公園
⑬ 小笠原国立公園
⑭ 富士箱根伊豆国立公園
⑮ 上信越高原国立公園
⑯ 南アルプス国立公園
⑰ 妙高戸隠 連山国立公園
⑱ 中部山岳国立公園
⑲ 白山国立公園
⑳ 伊勢志摩国立公園
㉑ 吉野熊野国立公園
㉒ 山陰海岸国立公園
㉓ 大山隠岐国立公園
㉔ 瀬戸内海国立公園
㉕ 足摺宇和海国立公園
㉖ 阿蘇くじゅう国立公園
㉗ 西海国立公園
㉘ 雲仙天草国立公園
㉙ 霧島錦江湾国立公園
㉚ 屋久島国立公園
㉛ 奄美群島国立公園
㉜ やんばる国立公園
㉝ 慶良間諸島国立公園
㉞ 西表石垣国立公園

小笠原諸島

ひとくちメモ

ジオパーク

地形や地質、火山など、地球（ジオ）科学的に重要な自然に親しむことを目的とする公園（パーク）です。

世界ジオパークは、ユネスコの支援する「世界ジオパークネットワーク」が審査、認定を行っていて、169地域（うち日本は9地域、2021年4月）が認定されています。

日本ジオパークは、日本ジオパーク委員会の認定を受けた、国内版のジオパークです。世界ジオパークの9地域を含む44の地域（2021年10月）が認定されています。

② ナショナル・トラスト運動

むやみな開発や都市化の波から大切な自然や歴史的環境を守るために、広く人々から寄付金を集めて土地や建物を買い、あるいは寄贈をうけて保存や管理を行う運動です。イギリスから始まり、日本でも現在このような運動が全国各地で行われています。

➡ （例）知床100平方メートル運動・妻籠町並保存運動・鎌倉風致保存会・天神崎市民地主運動など。

③ 環境アセスメント

大規模な開発や工事によって、環境に大きな影響を与える恐れがある場合、その影響についてあらかじめ十分に調査・予測を行うことを環境アセスメントといいます。そして、調査にもとづいて、環境破壊を防止する手立てをとります。日本では1997年、環境アセスメント法が成立し、1999年に施行されました。

屋久島 樹齢7200年ともいわれる縄文杉で有名

霧多布湿原

妻籠の町並み

4　ゴミ問題とリサイクル

捨てる・活用することについて、あらためて考えてみましょう。

①　くらしが生み出す環境問題

1　変わってきた公害

近年、工場から出される汚染物質による公害に加えて、自動車の排出ガスによる大気汚染、家庭排水による水のよごれ、ゴミの増加など、人々のくらしと深く関わる公害問題がふえてきました。

2　ふえつづけるゴミ

お店の包装紙、コピーなどの紙の大量消費、次々と出る新商品への買いかえなどで、毎日多くのゴミが出されています。日本中の家庭や事業所から出るゴミの量は1年に約4400万トンにもなります。

ひとくちメモ

容器包装ゴミが6割

　家庭から出されるゴミの容積の60%（重さでは25%）は、容器や包装紙です。本当は必要のない容器や包装紙が、ゴミの大部分をしめているとは驚きです。

　ちなみに、今から40年ほど前までは、買い物には買い物かごを持って出かけ、とうふはなべを持って、しょう油もつめかえ用のびんを持って買いに行っていました。当然「エコバッグ」なんてことばはなかったですね。

地理おもしろ知識

ダイオキシンとアスベスト

　ダイオキシンはプラスチックなどが燃えるときに発生する有毒な化学化合物です。

　ベトナム戦争によって、ダイオキシンは広く知られるようになりました。この戦争の際、「枯れ葉作戦」という、アメリカ軍による有毒農薬や除草剤の空中散布が行われました。これにより、おなかの中の赤ちゃんにも悪い影響が出たのです。近年、大規模な公害は起きにくくはなっていますが、ゴミ焼却施設から出るダイオキシンが土じょうや水を汚染したりしています。

　アスベストは、溶岩からできるせんい状の鉱物で、石綿ともよばれます。耐熱・耐火性や絶縁性にすぐれているなどの利点があるため、長年建築材料などさまざまな用途に使用されてきましたが、アスベストを吸い込むと、数十年後に肺がん、中皮腫などを起こしやすくなることが問題になっています。

② 循環型社会に向けて

1　3つの R（アール）

　ゴミがふえた原因とされるのが、ものを大量生産し、大量消費するシステムです。このシステムでは、人間は自然から与えられたものを利用し、それを廃棄するだけです。これからは、このような「一方通行型」のシステムから、資源を効率的に利用し、廃棄されるものをできるだけ少なくする**「循環型」の社会**に変えていくことが必要です。

　循環型社会をつくるために必要なのは、**リデュース・リユース・リサイクル**の3つです。

ゴミの埋め立て
ゴミを燃やしたあとの灰や、燃えないゴミ、有害なゴミなどは埋め立て地に運ばれます。ゴミの上に土をかぶせて埋め立てていくのです。埋め立て地としては、夢の島が有名ですが、現在、夢の島は公園などとして利用され、その沖に新しい埋め立て地ができています。

Reduce　リデュース
ものを大切に！

出るゴミをできるだけへらす
・ものを大事に長く使う
・余分な包装をしない

Reuse　リユース
くりかえして使おう！

捨てずにくり返し使う
・ビールびんは酒屋さんに、古着はフリーマーケットに出す

Recycle　リサイクル
ゴミは分けてね！

くり返し使えないものは資源としてリサイクルする
・ゴミは分別して出す

*3Rに、リフューズ（Refuse:不要なものを買わない）・リペア（Repair:修理して使う）、などを加えて4R・5Rと呼ぶこともあります。

エコマーク
1989（平成元）年、環境庁（現在の環境省）が考案した制度で、資源を再利用したり、環境破壊を防ぐ商品、たとえば再生紙を使ったトイレットペーパーなどにつけられました。現在は、省エネ設計のコピー機やプリンタ、再生プラスチックを使った文具や日用品などに幅広くつけられています。マークは人間の手がやさしく地球をだいているデザインです。

再処理を待つペットボトル

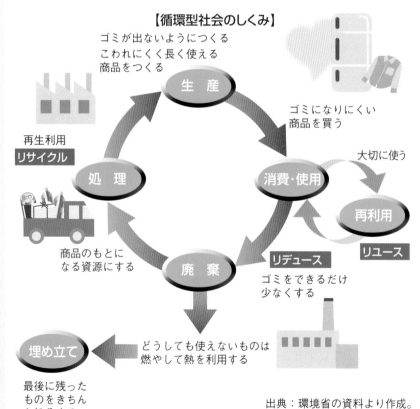

【循環型社会のしくみ】

ゴミが出ないようにつくる
こわれにくく長く使える
商品をつくる

生　産

ゴミになりにくい
商品を買う

大切に使う

消費・使用

再利用
リユース

リデュース
ゴミをできるだけ
少なくする

廃　棄

商品のもとに
なる資源にする

再生利用
リサイクル

処　理

どうしても使えないものは
燃やして熱を利用する

埋め立て

最後に残った
ものをきちん
と処分する

出典：環境省の資料より作成。

2 リサイクルに関する法律

循環型社会をつくるためには、国や市（区）町村・生産者（製品をつくる工場や企業）・消費者が一体となってゴミをへらす努力をすることが必要です。そのための、リサイクルに関する法律が最近ぞくぞくと定められています。

●容器包装リサイクル法

ペットボトルやトレイなどの容器や包装をへらすために、消費者は分別収集に協力する、市（区）町村は容器の分別収集をする、企業はその容器を資源として再利用することを義務づけた法律。

●家電リサイクル法

家電製品の製造者・販売業者などに、製品の回収・リサイクルを義務づけた法律です。冷蔵庫・テレビ・エアコン・洗濯機・冷凍庫などが対象となっています。消費者は、リサイクルに必要な費用を一部負担しなければなりません。2013年からは、小型家電リサイクル法がはじまりました。携帯電話やデジタルカメラなどが対象です。

●自動車リサイクル法

自動車のメーカーや輸入業者に、廃車の自動車部品（エアバッグ、カーエアコンのフロンなど）の引き取りを義務づけた法律です。リサイクル費用は、自動車を購入するときにあらかじめ価格に上乗せして、消費者が負担します。

●食品リサイクル法

レストランやスーパーに対し、生ゴミや残飯の量をへらすことを義務づけ、飼料化・肥料化することなどをすすめる法律です。

●建設リサイクル法

一定規模以上の工事に対し、コンクリートや木材などを分別して解体し、再資源化することを義務づけた法律です。違反した事業者には、罰則や罰金も課せられます。

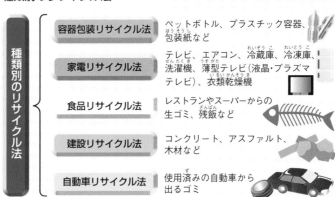

種類別のリサイクル法

種類別のリサイクル法	
容器包装リサイクル法	ペットボトル、プラスチック容器、包装紙など
家電リサイクル法	テレビ、エアコン、冷蔵庫、冷凍庫、洗濯機、薄型テレビ（液晶・プラズマテレビ）、衣類乾燥機
食品リサイクル法	レストランやスーパーからの生ゴミ、残飯など
建設リサイクル法	コンクリート、アスファルト、木材など
自動車リサイクル法	使用済みの自動車から出るゴミ

さまざまなマーク

スチール缶のリサイクルに利用。

アルミ缶のリサイクルに利用。

紙のリサイクルに利用。

ペットボトルのリサイクルに利用。

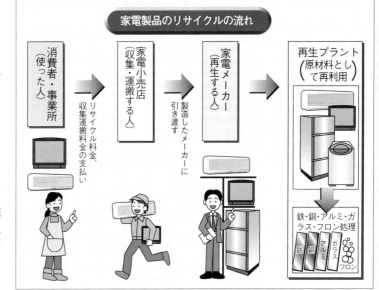

家電製品のリサイクルの流れ

昔から人々は川の近くなど、飲み水を手に入れやすいところに家を建てて、生活していました。しかし、人口がふえていくと、水を簡単に手に入れることができない土地にも人々が暮らすようになり、井戸を掘ったり、水路を引いたりして、水を手に入れていました。

江戸時代には、水道が発達しましたが、川の水をそのまま利用して、水道管は木でつくられていました。そのため近代になると、衛生上の問題が発生しました。水の汚れが原因で病気が流行したのです。そこで、水道を改良する計画がうち出され、上水道が整備されました。

関東地方では、江戸時代の初めに徳川家康が、江戸の人々の生活用水を確保しようと、家臣に小石川上水をつくらせました。小石川上水は江戸における最初の水道となり、江戸の発展とと

もに神田上水となっていきました。

その後、それまでの上水だけでは足りなくなり、新しい大きな上水をつくる必要がでてきました。そして、玉川兄弟（兄・庄右衛門、弟・清右衛門）が多くの困難をのりこえながら大工事を行い、多摩川上流の羽村から江戸の四谷まで43キロにわたる玉川上水を完成させたのです。玉川上水は市街地では、地下に水道管を通して水を送りました。つまり、木などでできた水道管が、江戸の町に、はりめぐらされていたのです。そして、井戸からくみ上げて上水を使ったのです。

水を汚すことには厳しく対応し、水番人がいつも見回っていました。水の大切さは、今も江戸時代も変わらないのです。

1　資源

⑴　水とわたしたちの生活

水源林からダム・貯水池・浄水場を経て蛇口へ。

⑵　地下資源とエネルギー

エネルギー資源の中心は石油。

電力では火力・水力・原子力の順に多い。

自然の力を利用したエネルギーの実用化も進む。

2　自然の脅威―災害

⑴　各地で起こる天災

日本では、地すべり・洪水・高潮・豪雪などによる災害が多い。

⑵　災害へのそなえ

阪神・淡路大震災（1995年）をきっかけに、防災意識が高まる。ライフラインに支えられた都市の生活は災害に弱い。

3　地球環境問題―青く丸い地球を守るために

⑴　さまざまな環境問題

地球温暖化、オゾン層の破壊、酸性雨、熱帯林の減少、砂漠化など、各地で環境破壊が進む。

⑵　環境を守るための取り組み

1971年　ラムサール条約採択―湿地や水鳥の保護

1972年　国連人間環境会議（ストックホルム）

　　　　世界遺産条約採択

1973年　ワシントン条約採択

1992年　国連環境開発会議［地球サミット］（リオデジャネイロ）

1997年　京都議定書採択（2005年発効、2020年まで延長）

2015年　パリ協定採択（2016年発効）

4　ゴミ問題とリサイクル

⑴　くらしが生み出す環境問題

ゴミの増加、ダイオキシンの発生などが問題。

⑵　循環型社会に向けて

リデュース・リユース・リサイクルの3つがキーワード。

メモ

オホーツク海

択捉島
(えとろふとう)
北のはし
北緯45度33分

ロシア連邦
(れんぽう)

中国

北朝鮮
(きたちょうせん)

日本海

太平洋

韓国
(かんこく)

東シナ海

東経122度56分
西のはし
与那国島
(よなぐにじま)

北緯20度25分
南のはし
沖ノ鳥島
(おきのとりしま)

南鳥島
(みなみとりしま)
東のはし
東経153度59分

第2部

第1章 日本の国土

日本はまわりを海に囲まれた島国で、北海道・本州・九州・四国の4つの大きな島と、数千もの小さな島からなっています。

《4つの大きな島》

本州・北海道・九州・四国

本州（約23万km²）

北海道（約8万km²）

九州（約4万km²）

四国（約2万km²）

《日本を囲む海》

太平洋・日本海・オホーツク海・東シナ海

1 日本の位置・面積・人口

1 世界地図と日本地図

　大きな**ユーラシア大陸の東**にあって、北東から南西に向かい弓のような形をしているのが、日本列島です。日本列島は、まわりを**オホーツク海・日本海・東シナ海・太平洋**に囲まれています。

日本のまわりのようす

日本の国土と範囲

● 緯度・経度って？──地球上の位置を示すやくそく

　地球の上での位置は、緯度・経度で表します。

緯度…赤道を0度、赤道の北を「**北緯**」、南を「**南緯**」とし、南北に90度ずつ数えます。同じ緯度を結んだ線が**緯線**です。

経度…北極と南極とを結ぶ線を**経線**（子午線ともいう）といい、ロンドンを通る経線（本初子午線）を0度として東西に「**東経**」「**西経**」各180度まで数えます。

　たとえば、東京都新宿区の東京都庁は"北緯35度41分、東経139度41分"と表されます。

● 標準時子午線

　日本では、**東経135度**の経線を基準として日本の**標準時**を決め（標準時子午線）、日本全国の時間を合わせています。この子午線は、**兵庫県明石市**などを通っています。

② 日本の基本データ

面積…**約38万km²**（世界で約60番目の大きさ）

人口…**1億2617万人**（2019年10月1日現在）

世界第11位の人口、人口密度は**338人**（1km²あたり）

※世界で面積が最も大きいのはロシア連邦（日本の面積の約45倍）、一方面積最小の国はバチカン市国（イタリアの首都ローマ市内にある国で0.44km²。東京ディズニーランドと同じくらいの大きさしかない！）。

● 人口の多い地域・少ない地域

日本の人口は平野と盆地に集中し、国内の大都市は、いずれも平野や盆地にあります。大都市の人口密度はとても高く、たとえば、東京23区の人口密度は15000人/km²をこえています。

● 少子高齢化する日本の社会

現在、子どもの数がへって65歳以上の高齢者の割合がふえる少子高齢化が進んでいます。2060年には2.5人に1人が高齢者という時代がくるとされています。

面積の広い都道府県ベスト5

	都道府県	面積
①	北海道	（78421km²）
②	岩手県	（15275km²）
③	福島県	（13784km²）
④	長野県	（13562km²）
⑤	新潟県	（12584km²）

※北海道は北方領土を含まず。

戦後、人口は増加を続け、1億2000万人をこえましたが、2011年から減少し始めたとされます。第1次ベビーブーム以降は出生率が低下して子どもの数が減ったのに対し、平均寿命がのびたため、高齢者の割合が増えています。

地理おもしろ知識

日本の東西南北のはし

日本で最も東／西／南／北にある島は、次のとおりです。

北のはしは**択捉島**、南のはしは**沖ノ鳥島**、東のはしは**南鳥島**、西のはしは**与那国島**です。

4つの島のうち、実際に日本人が生活しているのは、与那国島だけです（人口約1700人）。択捉島はロシア連邦が占拠しており（北方領土→第9章）、南鳥島には政府の役人がいるだけです。沖ノ鳥島はとても小さく、国はこれが海に沈まないように守るための工事をし、沿岸をコンクリートで固めています。

（左）沖ノ鳥島。（右）海上保安庁が管理している最南端の灯台沖ノ鳥島灯台。ここにはクリーンエネルギー（太陽光）活用の灯台があります。（写真提供：海上保安庁）

2 山がちな国土・短く急な河川

1 国土の４分の３は山地

日本の国土の**約４分の３は山地**です。日本の山地・山脈は、本州中央部の**フォッサマグナ**を境に、大きく２つに分かれます。

日本列島は太平洋をとりまく**環太平洋造山帯**の一部にあり、阿蘇山や桜島、浅間山など、現在も噴火を続ける火山もあります。

① 北見山地
② 日高山脈
③ 奥羽山脈
④ 北上高地
⑤ 越後山脈
⑥ 関東山地
⑦ 飛驒山脈
⑧ 木曽山脈
⑨ 赤石山脈
⑩ 紀伊山地
⑪ 中国山地
⑫ 四国山地
⑬ 九州山地

糸魚川・静岡構造線
（フォッサマグナ西端）

リマン海流

千島海流
（親潮）

対馬海流

日本海流
（黒潮）

フォッサマグナ
（大地溝帯）

中央構造線

● 日本アルプス

本州中央部には「**日本アルプス**」とよばれる3000ｍをこす険しい山々が連なっています。

2 平野と河川

日本の**川の長さは短く、流れが急**です。そのため、水力発電には適しているといえますが、季節によって水の量が大きく変わり、よく洪水が起こる地域もあります。川のなかには洪水を防ぐため、ダムなどの施設がつくられることがあります。ダムは発電のほか、飲料水や、農業・工業用水の取水などに利用されます。しかし、川の流れが遮断されているため、河川交通には不向きです。

川が運んだ土砂がたまったところに平野や盆地が開けています。外国と比べ小規模ですが、人々にとっては大切な生活の場です。

ひとくちメモ

フォッサマグナ

もともとラテン語で、「大きな溝」という意味。新潟県糸魚川市から静岡県静岡市まで、ほぼ50kmの幅で土地が大きくくぼんだ大地溝帯。

桜島（鹿児島県）

●日本アルプス

北アルプス……飛驒山脈
中央アルプス……木曽山脈
南アルプス……赤石山脈

日本と世界のおもな川の比較

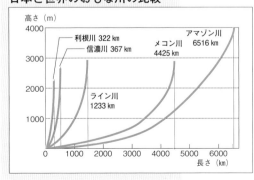

高さ(m)

利根川 322 km
信濃川 367 km
メコン川 4425 km
アマゾン川 6516 km
ライン川 1233 km

長さ (km)

● 扇状地と三角州

河川のつくる特徴的な地形に、扇状地と三角州があります。

・扇状地…川が山地から平地に出るところにできます。水はけがよく、果樹園などに利用されます。甲府盆地など。

・三角州…川の河口付近に土砂が積もってできた地形。都市が多く形成されます。広島平野・大阪平野など。

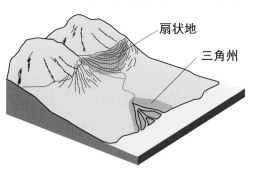

扇状地

三角州

①富山平野
②濃尾平野
③大阪平野
④岡山平野
⑤讃岐平野

石狩川
石狩平野
十勝平野
十勝川
秋田平野
庄内平野
最上川
津軽平野
信濃川
越後平野
北上川
木曽川
仙台平野
鳥取平野
淀川
阿武隈川
筑後川
江の川
利根川
関東平野
天竜川
紀ノ川
吉野川
高知平野
筑紫平野
球磨川
宮崎平野

200km

長い川ベスト3
① 信濃川（367km）
② 利根川（322km）
③ 石狩川（268km）

流域面積ベスト3
① 利根川（16840km²）
② 石狩川（14330km²）
③ 信濃川（11900km²）

※流域面積……川に流れこむ水の範囲をいい、支流を多くもつ大きな川は流域面積も広くなります。

③ 長く変化に富む海岸線と海流

太平洋を**日本海流（黒潮）**と**千島海流（親潮）**、日本海を**対馬海流**と**リマン海流**が流れています。寒流と暖流の接する海面（潮目）はよい漁場です。

	日本海流（黒潮）	千島海流（親潮）
色	こい青色	黄緑色
水温	15～20℃（暖流）	平均10℃（寒流）
速度	1日40～200km	1日20～50km
魚	まぐろ・かつおなど	さけ・ます・さんまなど

地理おもしろ知識

火山がつくる地形

① **カルデラ** 火山の活動によってできる大きなくぼ地がカルデラで、阿蘇山（熊本県）のカルデラは世界最大級です。カルデラに水がたまるとカルデラ湖となります。十和田湖（青森・秋田県）・屈斜路湖・摩周湖・洞爺湖（北

海道）などはカルデラ湖です。
② **台地** 火山から噴出した火山灰や石などが堆積して台地となる例もあります。シラス台地（鹿児島・宮崎県）や、関東ロームはいずれも火山が原因でできた地形です。

**リアス海岸が
あるのは？**

三陸海岸・志摩半島・若狭
湾・五島列島・宇和海沿岸な
ど。よい漁港が発達します
が、津波・高潮の被害を受
けやすい地域です。

●海岸線の特徴

太平洋側沿岸……半島や湾の出入りが多く、岩石海岸と砂浜海岸
が交互に現れます。三陸海岸の南半分は、出入
りのはげしい**リアス海岸**になっています。

日本海側沿岸……出入りが少なく、砂丘の発達した**砂浜海岸**が
多く見られます。

琉球諸島や小笠原諸島……**サンゴ礁**の海岸が広がり、多くの
生物がすんでいます。

3 自然の恵み vs自然のおそろしさ

1 自然の恵み

自然の恵みがなければ、わたしたちの生活は成り立ちません。
一方で、豊かな自然を守るためにも、国は風景の美しいところを
国立公園に指定して管理しています（現在34か所。P.136）。近
年では**世界遺産**として全世界的に保護する動きもあります。
(P.135)

2 自然のおそろしさ

自然は時に、大きな被害をもたらします。日本では防災対策も
進んでいますが、毎年さまざまな災害にみまわれています。

日本の世界遺産

長い歴史がある京都・奈
良の文化財や、知床の雄大
な自然をはじめ、25か所
が登録されています。

神戸港震災メモリアルパーク

御嶽山噴火

2014年9月、長野県と
岐阜県にまたがる御嶽山が
突然噴火。死者58人、行
方不明者5人を出す戦後最
悪の火山災害となりました。

近年の地震と火山の噴火

新潟県中越地震(2004年)
新潟県中越沖地震(2007年)
能登半島地震(2007年)
有珠山(2000年)
普賢岳(1991年)
福岡県西方沖地震(2005年)
阿蘇山(2016年)
東日本大震災(2011年)
浅間山(2004年)
三宅島(雄山)(2000年)
御嶽山(2014年)
阪神・淡路大震災(兵庫県南部地震)(1995年)
御岳(桜島)(2015年)
西之島(小笠原諸島)(2013年)

第2章　九州・沖縄地方

九州・沖縄地方は日本の南西部にあり、朝鮮半島や中国に最も近いところにあります。そのため、昔からアジア大陸への玄関としての役割を果たし、早くから進んだ文化が発展していました。

九州・沖縄地方の8県
- ① 福岡県（福岡市）
- ② 佐賀県（佐賀市）
- ③ 長崎県（長崎市）
- ④ 熊本県（熊本市）
- ⑤ 大分県（大分市）
- ⑥ 宮崎県（宮崎市）
- ⑦ 鹿児島県（鹿児島市）
- ⑧ 沖縄県（那覇市）

※ カッコ内は県庁所在地名。沖縄県以外の7県は県名と県庁所在地名が同じです。

1 九州・沖縄地方の基本データ

面積…44514㎢、人口…1426万人。

面積・人口とも日本全体の約1割程度をしめています。

面積が最も大きいのは**鹿児島県**、小さいのは**沖縄県**。人口が最も多いのは**福岡県**、少ないのは**佐賀県**。九州・沖縄地方には**福岡市・北九州市・熊本市**の3つの**政令指定都市**があります。

ひとくちメモ

政令指定都市

人口50万人以上の市のうち、内閣の決めた基準（以前は人口100万程度の市が指定されましたが、国の合併支援策により人口70万程度に条件がゆるめられました）によって指定を受けた市で、現在20（札幌市・仙台市・さいたま市・千葉市・横浜市・川崎市・相模原市・新潟市・浜松市・静岡市・名古屋市・京都市・大阪市・堺市・神戸市・岡山市・広島市・福岡市・北九州市・熊本市）あります。

2 九州・沖縄地方の自然と地形

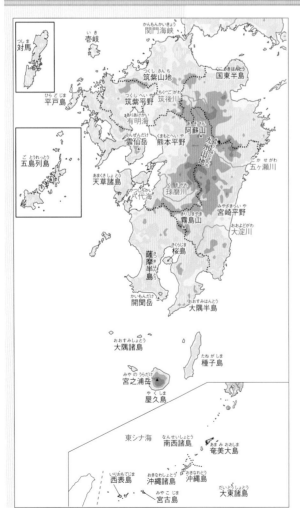

1 山地と火山

北部に低くなだらかな**筑紫山地**、中央部に高く険しい**九州山地**があります。

雲仙岳（普賢岳）・桜島・阿蘇山・霧島山などでは火山活動が続き、火山灰は農作物に被害を与えています。普賢岳は1991年の火砕流により、大きな被害を出しました。一方で、各地の温泉には、多くの観光客が訪れます。

有明海から望む普賢岳

●阿蘇山のカルデラ

カルデラとは、火山の中心部が落ちこんでできたくぼ地。阿蘇山のカルデラは世界最大級で、東西約17km、南北約25kmの広さがあり、約5万人の人々が生活しています。

② 平野と河川

北部：**筑紫平野**（**筑後川**が流れ、**有明海**に注いでいます）。
中央部：**熊本平野・八代平野**（三大急流の１つ**球磨川**が流れます）。
南部：**宮崎平野**（**大淀川**が流れます）。
シラス台地（鹿児島県と宮崎県南部には、シラスとよばれる火山灰土におおわれた台地が広がっています）。

ひとくちメモ

坂の街・長崎

　長崎市は、市街地の７割が斜面という「坂の街」です。第二次世界大戦末期（1945年8月9日）には原子爆弾が投下されました。

地理おもしろ知識

九州・沖縄地方の島々

◆特色ある島々
①**長崎県の五島列島・九十九島**／出入りのはげしいリアス海岸です。長崎県の自然で「日本一」と言えば、何でしょう？　そう、**島の数が全国一多い**のです。
②**壱岐・対馬**／長い歴史のなかで朝鮮半島への窓口となってきました。
③**種子島**／現在、宇宙開発センターがおかれ、ロケットの打ち上げ基地があります。
④**屋久島**／縄文杉があり、**世界遺産**に登録されています。宮之浦岳（1936m）は九州最高峰。
⑤**南西諸島**（奄美諸島・沖縄諸島など）

◆九州・沖縄地方の国立公園
①阿蘇くじゅう国立公園　②雲仙天草国立公園
③霧島錦江湾国立公園　④西海国立公園
⑤西表石垣国立公園　⑥瀬戸内海国立公園
⑦屋久島国立公園　⑧慶良間諸島国立公園
⑨奄美群島国立公園　⑩やんばる国立公園

③ 気候——温暖、でも時々台風

　暖流の対馬海流・日本海流（黒潮）が流れるため、温暖な地域です。九州地方は、「台風銀座」とよばれるほど台風がよく通る、風水害の被害が多い地方です。

　南西諸島は**亜熱帯性**の気候で、一年中温暖です。

沖縄・竹富島の家並み

ひとくちメモ

オキナワ式住宅

①屋根を低くし、かわらをしっくいで固めた伝統的な住まい
　台風の被害を少なくする工夫としてつくられたものです。
②屋根の上に大きなタンクを置いた住まい
　降水量は多いものの、水をためる貯水池やダムが少ない沖縄では、かつて給水制限や断水がよくありました。そのため、水を自前で貯めておこうというわけです。

福岡　年降水量1612mm　年平均気温17.0℃
宮崎　年降水量2509mm　年平均気温17.4℃
那覇　年降水量2041mm　年平均気温23.1℃

3 人々の暮らしと産業

1 第1次産業——農業・林業・水産業

①稲作

有明海に面した**筑紫平野・熊本平野**や、**八代平野**で広く行われています。

●有明海の干拓とクリーク

遠浅な有明海は古くから干拓が行われてきました。また、筑紫平野の低湿地（柳川市など）では**クリーク**（水路）が広く見られましたが、近年は埋め立てが進んでます。

②種類の豊富なくだもの

熊本・佐賀・長崎県の日当たりのよい山の斜面では**みかん**、長崎県では**びわ**、沖縄県では古くから**パイナップル**が栽培されてきました。

③工芸作物

八代平野のい草（裏作）、**シラス台地**のたばこ・茶、沖縄県の**さとうきび**など。

④さかんな野菜の促成栽培

宮崎平野では、ビニールハウスでピーマン・きゅうりなどの**促成栽培**を行い、カーフェリーで大都市へ出荷します（**輸送園芸農業**）。

●沖縄の農業

さとうきびやパイナップルにかわり、多くの収入がえられる**電照菊**や洋ラン類（切り花）などの栽培がふえています。

⑤畜産業

阿蘇山ろくでは肉牛の放牧、**シラス台地**では**大規模**な**畜産**が行われています。

●シラス台地と笠野原の開発

シラス台地では**さつまいも**や麦が栽培されてきましたが、大隅半島の**笠野原**に高隈ダムをつくり、開発が進められました。現在ではたばこ・茶などの工芸作物の栽培や、肉牛・ぶた・にわとりの飼育がさかんです。

⑥林業

大分県**日田市**は、林業の町として有名（**日田すぎ**）。南九州の平地にはくすの木が多く、樹液からしょうのう（**防虫剤**となる）をとります。

ひとくちメモ

諫早湾の干拓

有明海西部の諫早湾では大規模な干拓が行われ、しめきり堤防がつくられました。この事業の環境や漁業・農業への影響についてさまざまな意見があり、堤防を開門するかしないかが裁判で争われました。2つの裁判で、全く逆の判決が出されました。

●日向かぼちゃ

かつて宮崎ではかぼちゃの栽培がさかんで、「日向かぼちゃ」とよばれました。

阿蘇山の放牧

シラス台地

●色部がシラス台地

⑦水産業

　大陸だなの発達した**東シナ海**ではトロール漁業（底引き網漁業）・巻き網漁業が行われています（**長崎・唐津・松浦**などが水揚げ量の多い漁港）。

　遠洋漁業では、鹿児島県の枕崎がカツオ漁の基地です。

　有明海ではのり、大村湾（長崎県）では真珠の養殖が行われています。

② 第2次産業──工業・鉱業

①北九州工業地帯（地域）

　官営八幡製鉄所を中心に発展しましたが、全国的な地位は低下しています。現在では**自動車やＩＣ**など、加工組み立て型工業の割合がしだいに高くなっています。

②「シリコンアイランド」

　熊本県・大分県・福岡県を中心に、空港の周辺や高速道路ぞいに**ＩＣ（集積回路）工場**が多くあります。そのため、九州は**「シリコンアイランド」**とよばれます。

●九州地方のおもな工業都市

[おもな工業都市はココ]

福 岡 県	**北九州─鉄鋼**、福岡─絹織物・ＩＣ、**久留米─ゴム・綿織物** **大牟田─化学**、苅田町・宮若─自動車、大川─家具の製造
長 崎 県	**長崎・佐世保─造船**
佐 賀 県	**鳥栖─医薬品**
大 分 県	**大分─石油化学・鉄鋼**、津久見─セメント
熊 本 県	八代─製紙・パルプ・セメント、水俣─化学
宮 崎 県	延岡─化学せんい・薬品、日南─製紙・パルプ
鹿児島県	薩摩川内─ファインセラミックス ※鹿児島市（喜入）や**志布志湾**には**石油備蓄基地**があります。

ひとくちメモ　　**公害の克服**

　　八代海に面した水俣はかつて、化学工場の廃水に含まれる有機水銀が原因で、魚や貝を食べた人の神経や筋肉がおかされる病気が発生しました。きれいな海を取り戻す努力の結果、現在では漁も再開しています。また、北九州市の洞海湾も1960年代には「死の海」とよばれるほど汚れが進みましたが、規制を設けて水質が回復されました。

③おもな伝統的工芸品

● 福岡県：**博多織・博多人形**─福岡市、**久留米がすり**─久留米市、**八女福島仏壇**─八女市など

● 佐賀県：**有田焼・伊万里焼**─有田町・伊万里市など、**唐津焼**─唐津市など

- 長崎県：波佐見焼—波佐見町
- 鹿児島県：本場大島つむぎ—奄美市など、薩摩焼—鹿児島市など
- 沖縄県：壺屋焼・琉球紅型・首里織—那覇市など

④鉱業

かつては北海道とならぶ石炭の大産地でしたが、エネルギー革命により、炭田は現在までにすべて姿を消しました。

鹿児島県の菱刈・春日・赤石では金・銀を産出します。

《Q＆A》
どんな炭田があったの？
筑豊炭田・三池炭鉱（ともに福岡県）・高島炭鉱（長崎県）などです。

③ 沖縄県の第３次産業

沖縄はアメリカ軍基地や観光産業で働く人が多く、第３次産業（商業、運輸・通信業、サービス業）で働く人の割合はおよそ80％をしめます。

沖縄の軍用地

■軍用地

ひとくちメモ　沖縄の軍用地

沖縄は第二次世界大戦末期のはげしい地上戦で多くの人が犠牲となりました。戦後も27年間アメリカの支配下におかれ、現在もアメリカ軍の基地が沖縄島の総面積の約15％にもおよんでいます。

---

4 九州・沖縄を結ぶ交通網

①鉄道（新幹線）

東海道・山陽新幹線が、東京と博多（福岡市）を結んでいます。2011年には九州新幹線が全線開業し、博多と鹿児島が結ばれました。2022年には、博多と長崎を結ぶ九州新幹線西九州ルートが開業予定です。

②高速道路

九州縦貫自動車道［北九州－鹿児島］や九州横断自動車道［大分－長崎］などが開通しています。

③海上交通・航空交通

博多港からは、アジアを中心に世界12か国との間にコンテナ船による定期航路があります。韓国のプサンとは、フェリーや高速船で結ばれます。

福岡国際空港からは韓国や中国など東アジアへの国際便がふえています。2006年には北九州市の海上に北九州空港が開港しました。

貨物では、輸出入ともICなどの電子部品が多くなっています。

九州地方の交通網

在来線
新幹線
高速道路

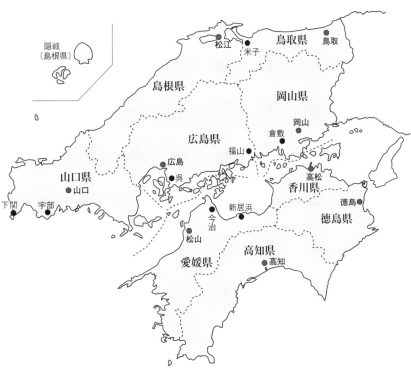

第2部

3

第3章 中国・四国地方

日本最大の内海である瀬戸内海をはさんで中国地方と四国地方とが向かい合っています。

中国地方に5つ、四国地方に4つの県が
あります。

◆中国地方
①鳥取県（鳥取市）┐
②島根県（松江市）├山陰地方
③山口県（山口市）┘
④広島県（広島市）┐
⑤岡山県（岡山市）┘山陽地方

◆四国地方
⑥愛媛県（松山市）┐
⑦香川県（高松市）┘北四国
⑧徳島県（徳島市）┐
⑨高知県（高知市）┘南四国

※カッコ内は県庁所在地名。山陽地方と北四国
を合わせて「瀬戸内」といいます。

1 中国・四国地方の基本データ

中国地方の面積…31921㎢、人口…728万人。

四国地方の面積…18803㎢、人口…372万人。

面積が最も大きいのは**広島県**、小さいのは**香川県**。

人口が最も多いのは**広島県**、少ないのは**鳥取県**。**政令指定都市**は、**広島市・岡山市**の２市です。

香川県の面積は全国最小、**鳥取県**の人口は全国最少です。

ひとくちメモ

平和都市ヒロシマ

1945年８月６日、広島市中心部に原子爆弾が投下され、数多くの人が犠牲となりました。当時の広島市は西日本最大の軍事拠点であり、そのことが深く関係しています。戦後広島市は「平和記念都市」を宣言し、爆心地近くを平和記念公園として、原水爆禁止を訴える施設などがつくられています。

広島平和記念公園の慰霊碑

2 中国・四国地方の自然と地形

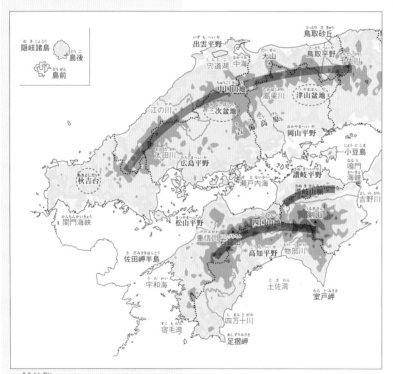

※秋吉台にはカルスト地形が見られます（P159）。

1 山地と火山

なだらかな**中国山地**と険しい**四国山地**が特徴的です。

中国地方の最高峰は「伯耆富士」とよばれる**大山**（1729 m）、四国の最高峰は四国山地の**石鎚山**（1982 m）です。

2 川と平地

山地の間に小規模な平野があります。

①**山陰**：鳥取県の**鳥取砂丘**は、日本最大級の砂丘です。

②**瀬戸内**：**太田川**下流の三角州**広島平野**、香川県の**讃岐平野**、吉野川の流れる**徳島平野**など。

③**南四国**：**高知平野**・中村平野（「日本最後の清流」**四万十川**が流れる）など。

③ 気候——地域によりさまざま

①山陰——冬の北西の季節風が中国山地にあたり、雨や雪が多く
　　　　降ります。

②瀬戸内——冬の北西季節風は中国山地に、夏の南東季節風は四国
　　　　山地にそれぞれさえぎられ、一年を通して雨が少ない
　　　　地域です。

③南四国——雨が多く、暖流の影響で暖かい地域です。

中国・四国地方の断面図と気候の特色

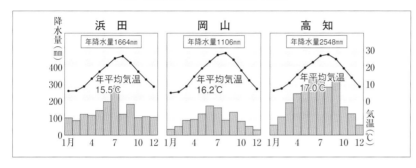

満濃池

ひとくちメモ

早明浦ダム

　四国の水資源の安定利用をはかるため、吉野川の上流部に建設されました。1975年に完成し、治水・利水のほか、発電にも利用されています。

●讃岐平野のため池

　雨の少ない讃岐平野にはため池が多く見られ、最も大きい満濃池（西暦700年ごろつくられ、空海が修築したといわれます）は周囲20kmもあります。現在は吉野川から香川用水が引かれています。

地理おもしろ知識

瀬戸内海の島々

　瀬戸内海は、地面が沈んでできた内海で、長さは450km、幅は広いところで60kmもあります。次の島々がここに浮かぶ代表的な島々です。

①小豆島（香川県）

　淡路島（兵庫県）についで瀬戸内海で2番目に大きい島。オリーブ・しょう油などが名産で、「二十四の瞳」という物語の舞台にもなりました。

②宮島（広島県）

　天橋立（京都府）・松島（宮城県）とともに「日本三景」の1つ。満潮時は海上建造物となる厳島神社は世界遺産に登録されています。

広島・宮島の厳島神社

3 人々の暮らしと産業

●ポンジュース
愛媛みかんの「もう1つの顔」がポンジュース。輸出用につくられたブランドで、「ポン」は日本（ニッポン）の「本」とか。60年以上の歴史があります。

●境・境港
市の名前は「境港」市、漁港名（さかいみなと）は「境」港（さかいこう）です。

●赤潮
プランクトンの異常発生によって、海が赤く見える現象です。

瀬戸内海の塩田（えんでん）

児島・松永（ほうふ）・防府など各地には多くの塩田がありました。現在では塩は化学的な方式でつくられるようになり、塩田は工業用地などに変わりました。現在、日本では、塩の大部分を輸入にたよっています。

1 第1次産業——農業・水産業

①山陰の農業

鳥取平野——「二十世紀なし」（日本なし）の栽培（鳥取県の日本なしの生産は、全国有数です）。

鳥取砂丘——すいか・たばこ・らっきょうなど（防砂林やスプリンクラーを取り入れて開発されました）。

中国山地——肉牛の放牧が行われています。

②瀬戸内の農業

愛媛県・瀬戸内海の島々——みかん（段々畑（だんだんばたけ）での栽培）。

岡山平野——ぶどう・もも、稲作（児島湾（こじま）の干拓 [➡P.11参照]）。

③南四国の農業

高知平野——**なす・ピーマン・きゅうり**など、**野菜の促成栽培**（トラックやフェリーで全国各地へ出荷されています）。

④水産業

境 港（さかい）（鳥取県）——全国有数の水揚げ（あ）（アジ・イワシなど）。

土佐清水・室戸（むろと）（高知県）——カツオ・マグロの遠洋漁業基地（カツオの一本釣りは有名です）。

広島湾——カキの養殖（瀬戸内海では、**赤潮**（あかしお）の被害が深刻（しんこく）です）。

《Q&A》 あ〜おの魚は？（※答えはページのいちばん下）

●倉敷市（くらしき）
倉敷市周辺は1960年代に新産業都市に指定され、水島地区を中心に開発されました。

2 第2次産業——工業・鉱業

①瀬戸内工業地域

鉄鋼業や自動車工業、造船業などの**機械工業**や、**化学工業**が発達しています。**倉敷市（くらしき）（水島地区）**や**周南市（しゅうなん）**などには石油化学コンビナートがあります。

※あ—カツオ い—イワシ う—サンマ え—サケ お—タイ

[おもな工業都市はココ]

金属・機械工業	**福山・倉敷**（水島）・呉―鉄鋼、呉・三原・玉野・福山・尾道・下関・坂出・今治―**造船**、広島・防府・倉敷（水島）―自動車	せんい工業	[綿織物] 岡山・倉敷・尾道・福山・高松・**今治（タオル）** [化学せんい] 周南・大竹・三原・倉敷・西条・松山
化学工業	**周南・倉敷**（水島）―**石油化学**、宇部・下関・新居浜―化学 宇部・周南―ソーダ工業	その他	**宇部―セメント**、四国中央―製紙・パルプ工業

②伝統工業は？

● 鳥取県：因州和紙―鳥取市
● 島根県：出雲石灯ろう―松江市
　　　　　雲州そろばん―奥出雲町
　　　　　製鉄・刀剣―安来市
● 山口県：**萩焼―萩市**　　**赤間すずり―**宇部市
● 広島県：**熊野筆―熊野町**　　**福山琴―福山市**
● 岡山県：**備前焼―備前市**
● 愛媛県：**伊予和紙―**四国中央市
　　　　　砥部焼―砥部町
● 香川県：**うちわ―丸亀市**
　　　　　しょう油―小豆島
● 高知県：**土佐和紙―**いの町　　かつおぶし―土佐清水市
● 徳島県：木工（たんすなど）―徳島市

③鉱業

　石灰石が**秋吉台**（山口県）で産出されます。
　石見銀山ではかつて銀が大量に産出されました。遺跡は**世界文化遺産**に登録されています。

● 中国・四国地方のおもな工業都市

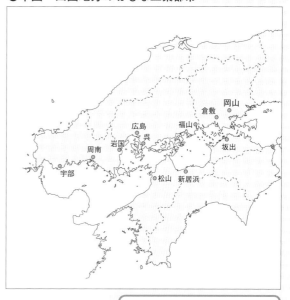

たたら製鉄

　日本の伝統的な製鉄法。原料の砂鉄と燃料の木炭を「たたら」という炉に入れ、「ふいご」という送風機で火をおこして鉄をつくります。山陰地方ではこの方法で日本刀をつくっていました。現在は島根県安来市に製鋼所があります。

秋吉台のカルスト地形

　石灰岩が雨水などに溶かされてできた地形。
　山口県の秋吉台に広がるカルスト地形は、遠くから見ると白く羊が群れているようです。そして地下には、ほら穴（鍾乳洞）ができています。
　秋吉台周辺では石灰石が産出され、周辺の都市でセメント、化学工業の原料として使われます（宇部市など）。

秋吉台カルスト台地

4 中国・四国を結ぶ交通網

1 3つの「本四連絡橋」

本州と四国は、３つのルートで結ばれています。しかし、通行料が高く設定され、利用者数が思うようにのびないなどの問題もかかえています。

●本州四国連絡橋の３ルート

1. 児島—坂出ルート

1988年４月に瀬戸大橋が開通。

2. 神戸—鳴門ルート

1985年６月に大鳴門橋、1998年４月に明石海峡大橋が開通。

3. 尾道—今治ルート（瀬戸内しまなみ海道）

1999年５月に新尾道・来島海峡・多々羅大橋が開通。

●本州四国連絡橋のルート

2 鉄道と道路

中国地方を、東海道・山陽新幹線（東京—博多）・山陽本線・山陰本線が走っています。高速道路も中国縦貫自動車道［吹田（大阪府）—下関］が開通しています。

また、山陰と山陽、北四国と南四国はそれぞれ、中国山地と四国山地でさえぎられ、交通の便がよくありませんでしたが、高速道路の整備も進んでいます。

瀬戸大橋

ひとくちメモ

過疎化が止まらない

鳥取県や島根県では、若い人たちを中心に都市へ人口が流出し、山間部で高齢化・過疎化が進んでいます。

中国縦貫自動車道などの高速道路網の整備によって、工場が進出し、過疎化に歯止めのかかることが期待されていましたが、過疎は解消されていません。

◆過疎化が進むと……
・学校や路線バスが廃止される。
・商店や医師が少なくなる。
・伝統的な祭りも存続できなくなる。
ただし、近年は都市からふたたび出身地に戻る傾向（Uターン現象という）も見られます。

島根県の場合

人口	69万人
人口密度	104人（1km²あたり）
過疎市町村	県の面積の85.4%

東京都の場合

人口	1352万人
人口密度	6169人（1km²あたり）
過疎市町村	都の面積の23.3%

（2015年）

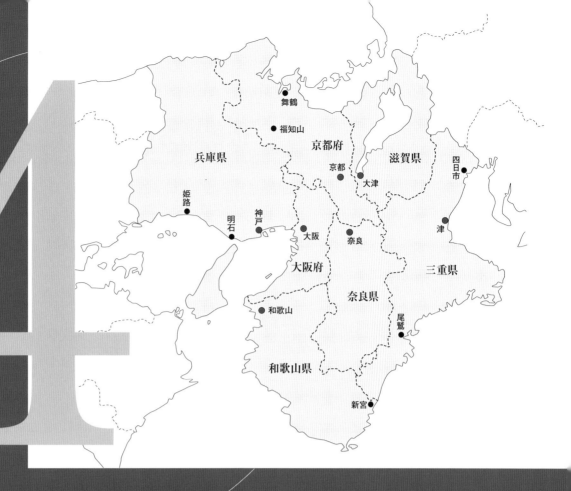

京都府
滋賀県
兵庫県
舞鶴
福知山
京都
大津
四日市
姫路
明石
神戸
大阪
奈良
津
大阪府
三重県
奈良県
和歌山
尾鷲
和歌山県
新宮

第４章　近畿地方

　近畿地方は、日本列島のほぼ中央にあり、兵庫県明石市を日本 標 準 時子午線（東経135度）が通ります。

　また、「関西」ということばも広く近畿地方をさすことばとして使われます。

近畿地方の２府５県
- ① 兵 庫 県（神戸市）
- ② 大 阪 府（大阪市）
- ③ 京 都 府（京都市）
- ④ 奈 良 県（奈良市）
- ⑤ 和歌山県（和歌山市）
- ⑥ 滋 賀 県（大津市）
- ⑦ 三 重 県（津市）

※ カッコ内は府県庁所在地名。

1 近畿地方の基本データ

面積…33126k㎡、人口…2231万人。

人口密度は673人で、関東地方についで高い地方です。面積が最も大きいのは**兵庫県**、小さいのは**大阪府**。人口が最も多いのは**大阪府**、少ないのは和歌山県。

政令指定都市は、**大阪市・京都市・神戸市・堺 市**の４市です。

三重県は東海地方とすることもあります。また、福井県を「近畿圏」に含める場合もあります。

《Q＆A》「近畿」って？
近畿の「畿」は都という意味で、かつて都のあった奈良・京都南部と大阪を「畿内」といい、その周辺が近畿です。

ひとくち メモ

阪神・淡路大震災（兵庫県南部地震）

1995年１月17日早朝、淡路島から神戸にかけての地域で大地震が発生しました。多くのビルや家屋が倒れ、さらに火災も発生したため、死者・行方不明者合わせて6400人に達する犠牲者を出しました。

---

2 近畿地方の自然と地形

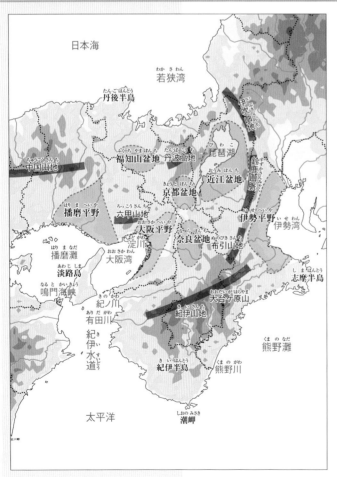

① 山地と山脈

北部に**丹波高地**、東部に**鈴鹿山脈**などがあり、南部には**紀伊山地**が走ります。南部は大部分が山地で、**高野山・吉野山・大台ケ原山**などがあります。

② 平野・盆地と河川

淀川（上流では瀬田川・宇治川）は日本最大の湖である**琵琶湖**を水源とし、**近江盆地・京都盆地・大阪平野**を通って大阪湾に注ぎます。

また、中央には瀬戸内海に面した**播磨平野**、内陸には**奈良盆地**があります。

紀伊山地からは、**紀ノ川・有田川・熊野川（新宮川）**が流れます。

③　変化に富む海岸

①若狭湾—リアス海岸（京都・福井）

　若狭湾の西端には丹後半島が突き出し、宮津湾は浦島太郎の伝説や**日本三景**の１つ**「天橋立」**で有名です。

②志摩半島—リアス海岸（三重）

　伊勢志摩国立公園の一部です。海上にはいかだがならび、**真珠**の**養殖**が行われています。

③天神崎（和歌山）

　夕陽が美しい岬にさまざまな動植物が共存する、日本の**ナショナル・トラスト運動**のさきがけの地です。

④潮岬（和歌山）

　吉野熊野国立公園の一部で、**本州最南端**です。

●天橋立（京都府）

④　気候の特色

①北　部—冬は北西の季節風の影響で、日本海岸は雪やくもりの日が多くなります。

②中央部—瀬戸内海沿岸・内陸の盆地とも、降水量は少なめです。

③南　部—温暖で、降水量の多いのが特色です。

●日本の最多雨地域

　紀伊山地の**大台ケ原山**付近は、**日本で最も雨の多い地域**です。全国の平均雨量が年間1700〜1800㎜に対し、この地域の平均雨量は年間4000〜5000㎜もあります。

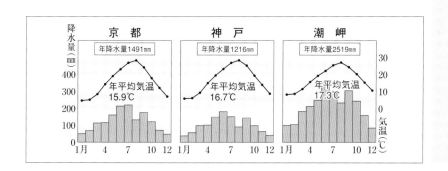

ナショナル・トラスト運動
自然の宝庫をそのままの姿で残す運動。天神崎では、12年間で約34000人から２億円を集め、別荘地の予定地４haを買い取りました。

第4章　近畿地方

3 人々の暮らしと産業

1 第1次産業──農業・林業・水産業

①近郊農業

大都市の周辺で野菜や草花などを栽培しています。

淡路島─たまねぎ・草花・みかんなど

②くだもの・工芸作物など

紀ノ川・有田川流域（和歌山県）─みかん

南部川流域（和歌山県）─梅（南高梅）

京都の宇治川流域─茶（質のよい玉露［宇治茶］）

③林業

紀伊山地─吉野すぎの産地（和歌山・新宮が集散地）。

和歌山県は、備長炭の産地です。**私有林が多く、過疎化にともなってあとつぎが不足し、森林の荒廃が問題化しています。**

④水産業

若狭湾─日本海側の宮津・舞鶴は良港として有名。

志摩半島─英虞湾・五ケ所湾・的矢湾で、真珠の養殖が行われています。

2 第2次産業──工業

①阪神工業地帯

大阪・神戸を中心とする総合工業地帯。中小工場が多いのも特色ですが、近年の生産はのびなやんでいます。

[おもな工業都市はココ]

大阪湾沿岸	**大阪**─石油化学・医薬品・食料品・雑貨、**堺**─金属・化学・**液晶パネル**、**尼崎**─金属・機械、**神戸**─造船・食料品、西宮─清酒（灘の清酒）、泉佐野・岸和田─綿織物（タオル）、泉大津─毛織物（毛布）
内陸部	**門真**・守口・高槻─電気機械、吹田─ビール、東大阪─雑貨

●丹波杜氏
丹波高地ではかつて、農作業のできない冬の間、京阪神に出かせぎに行く人が多くいました。特に灘の酒造地で働く杜氏が有名でした。

●真珠王・御木本幸吉
御木本幸吉は英虞湾で実験を重ね、1893年に、アコヤ貝の殻の内面にコブのような半円形の養殖真珠をつくり出すことに成功しました。

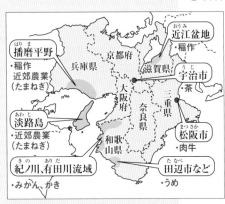
近畿地方のおもな農業

②伊勢湾岸（中京工業地帯）

　四日市・津・松阪などの工業都市があります。

　四日市—石油化学、**鈴鹿**—自動車

　津—造船

③おもな伝統的工芸品

- 三重県：**伊賀くみひも**—伊賀市・名張市、四日市萬古焼—四日市市など
- 滋賀県：**近江上布**—東近江市、**信楽焼**—甲賀市
- 京都府：**西陣織、京友禅、京焼・清水焼、京漆器、京扇子、京うちわ、京人形**など
- 大阪府：**大阪泉州桐たんす**—岸和田市など、**堺打刃物**—堺市など
- 奈良県：**奈良筆**—奈良市・大和郡山市
- 兵庫県：**播州そろばん**—小野市
- 和歌山県：**紀州漆器**—海南市など

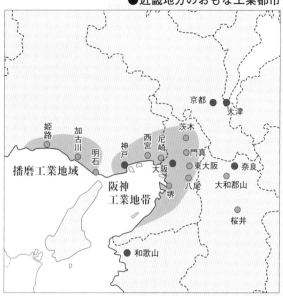

●近畿地方のおもな工業都市

姫路　加古川　京都　大津　茨木　西宮　尼崎　神戸　門真　明石　大阪　東大阪　奈良　播磨工業地域　阪神工業地帯　堺　八尾　大和郡山　桜井　和歌山

播磨灘沿岸の地域・琵琶湖岸の滋賀県栗東地区・和歌山県内などにも工場が進出しています。

京人形

京友禅

信楽焼の狸の置物

4 近畿地方を結ぶ交通網

1 鉄道

　JRでは東京・九州方面へのびる**東海道・山陽新幹線**の他、各地に通じる幹線鉄道が通っています。

　また、京阪神（京都・大阪・神戸）は、JR以外の**私鉄**が古くから発達した地域で、**阪急・阪神・南海・近鉄・京阪**などの路線が人々の通勤・通学の足として使われ、近畿地方一帯の観光地へものびています。

●明石海峡大橋
全長3911mの世界最長のつり橋で、本州四国連絡橋の1つ「神戸～鳴門ルート」の一部です。

衛星都市

　大都市の周辺にあって、大都市と結びつきが強い都市のことです。大阪市周辺の芦屋・西宮・豊中・吹田・高槻・宝塚など。吹田・豊中には千里ニュータウン、堺には泉北ニュータウンという大規模な住宅地があり、発達した鉄道を利用して多くの人が大阪などへ通勤しています。

[15歳以上の通勤・通学者の流入人口]
（大阪市しらべ）

大阪市への流入人口

② 道路

　高速道路が、名古屋や九州、北陸方面などにのびています。

【おもな高速道路と区間】
- **名神高速道路**［小牧―西宮］
- **中国 縦 貫自動車道**［吹田―下関］
- **北陸自動車道**［新潟―米原］

③ 海上交通

　古くから瀬戸内海を中心とした沿岸航路が発達しています。**神戸港**はわが国を代表する国際貿易港です。

　神戸港南側の埋め立て地には「**ポートアイランド**」がつくられ、コンテナ船専用港のほか、高層マンションや学校、公園なども備えて、全体が１つの町のようになっています。

④ 航空交通

　近畿地方には、**大阪国際空港**と**関西国際空港**があります。

　関西国際空港は1994年、わが国初の24時間利用できる空港として開港し、ハブ空港の機能も期待されています。飛行機の騒音対策として、大阪湾内の、海岸から５km離れた人工島に造られています。

　2006年には、神戸市のポートアイランド沖の人工島に**神戸空港**が開港しました。

関西国際空港

●大阪周辺の開発

第5章　中部地方

中部地方は、近畿地方と関東地方の中間にあり、東海地方（太平洋側）・北陸地方（日本海側）・中央高地（内陸部）の3地域に分かれます。

中部地方の9県

① 愛知県（名古屋市）
② 静岡県（静岡市）　　┐東海地方
③ 岐阜県（岐阜市）
④ 長野県（長野市）　　┐中央高地
⑤ 山梨県（甲府市）
⑥ 新潟県（新潟市）
⑦ 富山県（富山市）　　┐北陸地方
⑧ 石川県（金沢市）
⑨ 福井県（福井市）

※カッコ内は県庁所在地名。岐阜県は、北部が中央高地、南部が東海地方です。長野県は、全国で最も多い8つの県と接しています。

1 中部地方の基本データ

面積…66807km²、人口…2121万人。

面積が最も大きいのは**長野県**（全国第４位）、小さいのは**石川県**。人口が最も多いのは**愛知県**（全国第４位）、少ないのは**福井県**。**政令指定都市**は、**名古屋市・新潟市・浜松市・静岡市**の４市です。

ひとくちメモ

高山市—東京23区より大きい最大の市

　岐阜県の高山市は面積が2178km²、東京23区のおよそ3.5倍で、最も広い面積をもつ市です。市内にはおよそ９万の人々が暮らしています。市街地は、江戸時代から続く古い町並みが保存されていて、「飛騨の小京都」とよばれています。

2 中部地方の自然と地形

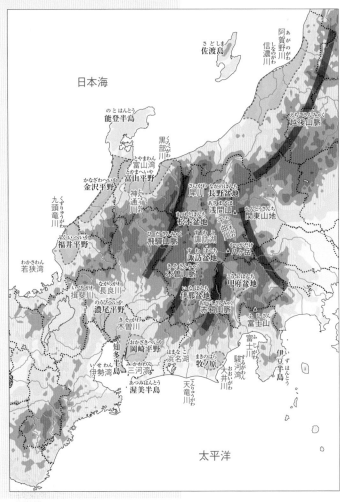

1 山地と山脈

　中央高地は「日本の屋根」といわれ、3000ｍをこえる山々がそびえます。

日本アルプス

北アルプス……	**飛騨山脈**
中央アルプス……	**木曽山脈**
南アルプス……	**赤石山脈**

赤岳と阿弥陀岳（長野県南牧村）

② 平野・盆地・河川と海岸線

中部地方の川は中央高地を水源とし、盆地を流れ、下流に広い平野をつくります。

- **信濃川**：長野盆地（千曲川と犀川が合流）→ 越後平野 → 日本海
- **木曽川**：木曽山脈 → 濃尾平野 → 伊勢湾（太平洋）
- **富士川**：甲府盆地（釜無川と笛吹川が合流）→ 駿河湾（太平洋）［日本三大急流の１つ］
- **天竜川**：諏訪湖 → 諏訪盆地・伊那盆地 → 磐田原（台地）→ 太平洋

日本海側の**若狭湾**には、出入りのはげしい**リアス海岸**が見られます。

信濃川（左から信濃川水源、中流の長野盆地、河口の越後平野）

③ 気候の特色

①東海地方

降水量は夏に多く、冬は乾燥する、代表的な太平洋岸式気候です。

②中央高地

夏冬の気温差が大きく、降水量が少ない内陸性気候です。

③北陸地方

冬はくもりや雪の日が多く、日本で最も雪の多い地方で、特に山間部は世界有数の豪雪地帯です。

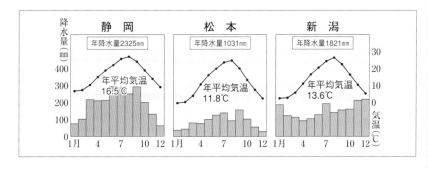

佐渡島

日本海最大の島佐渡島（新潟県）は、古くは「遠流の島」「金山の島」として有名でしたが、現在は観光地となり、また絶滅に瀕するトキの保護を行う施設もあります。

●平成18年豪雪
北陸地方を中心に記録的な大雪にみまわれました。

フェーン現象

夏の南東からの季節風が太平洋側に雨を降らせ、乾いた風が山脈をこえて日本海側に吹きおろす時、風の温度が上昇します。湿った空気が山をのぼる時、100mにつき約0.6℃ずつ温度が下がりますが、山を吹きおりる時には100mにつき約1.0℃ずつ上がります。そのため、風下側は高温になり、空気が乾燥します。

3 人々の暮らしと産業

1 第１次産業──農業・林業・水産業

●輪中

●輪中の家

①濃尾平野西部─輪中の発達

木曽川・長良川・揖斐川の三河川が集まる低い地域では、集落や耕地を堤防で囲んだ**輪中**が発達し、稲作が行われてきました。

②濃尾平野東部─渥美半島─畑作中心

用水路が引かれてかんがいが進められ、**近郊農業**が発達しています。渥美半島では、**キャベツ**や**メロン**、温室で夜間に電灯を照らすことで開花をおくらせて出荷する**電照菊**の栽培がさかんです。

●東海地方の農業

③静岡県の農業

茶の栽培─牧ノ原が中心

みかん・いちご（**石垣いちご**）の栽培も有名です。

④北陸地方─日本の穀倉地帯

越後平野（ブランド米コシヒカリの産地）**・富山平野・金沢平野**などは、代表的な**米の単作地帯**です。

富山平野では水田の裏作として、**チューリップ**の球根栽培がさかんで、球根を全国各地に出荷しています。

●石垣いちご

太陽熱で石垣を温め、いちごを早く熟させる栽培方法で、現在は石垣のかわりにコンクリートブロックを使います。

●北陸地方の土地改良

越後平野では大河津分水路をつくり、暗きょ排水によって湿田を乾田化しました。また、富山平野では流水客土による土地改良を行いました。

⑤中央高地の農業

野辺山原など─**高原野菜**の栽培（はくさい・レタス・キャベツ・セロリなど）

甲府盆地─ぶどう・もも（**扇状地**の利用）

長野盆地─りんご・ぶどう

⑥林業

木曽ひのき（天然の三大美林）─**木曽川**上流

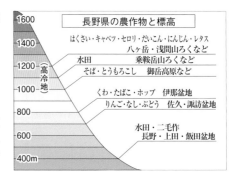

天竜すぎ（人工の三大美林）─**天竜川流域**

⑦水産業

焼津・清水─遠洋漁業の基地（**カツオ・マグロ**）

うなぎの養殖─浜名湖・大井川下流

その他、日本海側の**越前ガニ**も有名です。

2 第2次産業——工業・鉱業

①中京工業地帯と東海工業地域

名古屋を中心に**中京工業地帯**（生産額第1位）、静岡県に**東海工業地域**があります。

[おもな工業都市はココ]

中京工業地帯	機械工業：**豊田・岡崎・鈴鹿**（三重県）**—自動車** 金属工業：東海**—鉄鋼** 化学工業：**四日市**（三重県）**—石油化学** せんい工業：岡崎・豊橋—綿織物 　　　　　　一宮・津島—毛織物 よう業：**瀬戸・多治見・常滑—陶磁器**
東海工業地域	浜松**—オートバイ・楽器・自動車** 富士**—製紙・パルプ** 静岡—石油精製・缶詰（みかん、マグロ）・製茶

●中部地方のおもな工業都市

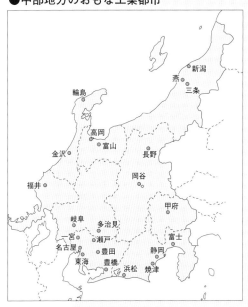

②中央高地の工業

長野県の諏訪湖周辺を中心に、精密機械工業や電子工業（集積回路）が発達しています。

[おもな工業都市]

諏訪・岡谷—精密機械工業・電子工業

③北陸工業地域

雪深い冬の間の副業として、**伝統工業**が発達してきました（④参照）。近代工業では、雪どけ水を利用した豊富な電力を生かして、機械工業や金属・化学工業が発達しています。

[おもな工業都市]

富山**—製薬・化学・機械**、高岡**—銅製品**、新潟**—食料品・機械**、三条**—刃物**、燕**—金属洋食器**、鯖江—めがねフレーム

中央高地の製糸業

かつて諏訪湖周辺は製糸工場の集まる"生糸の町"でしたが、第二次世界大戦中に多くの工場がこの地に疎開し、戦後は一転して精密機械工業の町に変わりました。

合掌造り

飛騨地方の岐阜県北部から富山県の山間部にかけての白川郷・五箇山集落には、合掌造りという、屋根に雪が積もらない工夫をした三角屋根の家屋が見られ、世界遺産に登録されています。

4階　物置・
3階　作業場
2階
1階　茶の間、客間
　　　馬屋

●北陸の伝統工業

④おもな伝統的工芸品

- 新潟県：**小千谷ちぢみ**—小千谷市、**十日町がすり**—十日町市
- 富山県：**高岡銅器**—高岡市
- 石川県：**九谷焼**—能美市、**輪島塗**—輪島市、**加賀友禅**—金沢市
- 福井県：**越前和紙**—越前市、**越前漆器**—鯖江市
- 愛知県：**瀬戸染付焼**—瀬戸市、**常滑焼**—常滑市
- 岐阜県：**美濃焼**—多治見市、**飛騨春慶**—高山市、
  美濃和紙—美濃市

⑤鉱業

新潟油田—石油・天然ガスの産出（新潟には製油所があり、天然ガスはパイプラインで関東に送られています。）

神岡鉱山〔岐阜県北部〕—鉛・亜鉛（2001年6月に採掘中止となりました。また、イタイイタイ病の発生源として有名になった鉱山です。）

●電力の開発
雪どけ水を利用した水力発電が行われ、黒部第四ダム（黒部川）・佐久間ダム（天竜川）などが建設されています。また、福井県の若狭湾沿岸、新潟県柏崎市・刈羽村などには原子力発電所がおかれています。

4 中部地方を結ぶ交通網

中部国際空港

①陸上交通

東海道・山陽新幹線・東名高速道路・中央自動車道などが横断しています。2012年には新東名高速道路の御殿場—三ヶ日間が部分開通しました。

また、**上越新幹線**（東京—新潟）、**北陸新幹線**（東京—金沢）、**関越自動車道**（東京—新潟）の開通は、中部地方と関東地方との結びつきを強めました。

②海上交通・航空交通

名古屋港・清水港・新潟港は、日本を代表する貿易港です。

2005年2月には、知多半島常滑沖の伊勢湾上に**中部国際空港**（愛称:セントレア）が開港しました。24時間利用できる空港です。

地理おもしろ知識

環日本海の交流

近年、新潟・富山など日本海側の都市と、日本海をはさんで向かい合うロシアや韓国、中国との結びつきが強まっています。

新潟市は、韓国やロシアと航空便で結ばれ、

ロシアからの木材輸入や、自動車・電気製品の輸出も行われています。

●新潟と航空便で結ばれているロシアの都市：

ハバロフスク・ウラジオストク

第2部

第6章　関東地方

日本一広い関東平野に、1都6県があります。首都東京をひかえ、多くの人が集まっています。

関東地方の1都6県
- ① 東京都（東京）
- ② 神奈川県（横浜市）
- ③ 埼玉県（さいたま市）
- ④ 千葉県（千葉市）
- ⑤ 群馬県（前橋市）
- ⑥ 栃木県（宇都宮市）
- ⑦ 茨城県（水戸市）

※カッコ内は都県庁所在地名。東京の都庁所在地は、「東京」と書くやくそくです。

1 関東地方の基本データ

面積…32433km²、人口…4347万人。

面積が最も大きいのは**栃木県**、小さいのは**東京都**。

人口が最も多いのは**東京都**（全国第1位：1392万人）。

人口増加率が最も高いのは**東京都**（全国第1位）。

人口密度は1340人（1km²あたり）に達し、全地方最多です。

政令指定都市は、**横浜市・川崎市・相模原市・さいたま市・千葉市**の5市。

ひとくちメモ

都心に戻る人口

大都市地域では、周辺の郊外に住宅が集中するドーナツ化現象がみられてきましたが、最近は、郊外から都心に移り住む都心回帰の現象が起きています。中心部が空洞の"ドーナツ化"に対して、この都心回帰の現象を、"アンパン化"と名づける人もいます。

背景には、都心部の土地の値段の下落や、医療の充実、交通の便の魅力などがあります。

---

2 関東地方の自然と地形

1 山地と山脈

関東平野の北西を**越後山脈**、西を**関東山地**が囲んでいます。

火山は、**那須岳・浅間山・箱根山**など。

2 平野と河川

「**関東平野**」といっても真っ平らではなく、ローム層におおわれた**武蔵野・相模原**などの台地が広く分布しています。

関東平野を横断する**利根川**は、日本第2の長流で、**流域面積**は最大。下流は手賀沼・霞ヶ浦などの湖沼がある**水郷地帯**です。

●関東ローム

昔、富士山や浅間山などが噴火した時に降り積もった火山灰による**赤土**です。水もちが悪く、稲作に向きません。

③　海岸線と島々

東京湾を囲む形で、**房総半島**と**三浦半島**があります。**九十九里浜・鹿島灘**は、単調な砂浜海岸です。

太平洋には**伊豆諸島・小笠原諸島**（東京都）の離島があります。

●小笠原諸島

小笠原諸島は東京から約1000km南に位置し、小笠原ならではの自然にあふれています。**エコツーリズム**という、自然と共生するしくみの観光に力を入れています。

天気予報では「東京都の天気」とはいわず、「東京地方の天気は……」といって区別します。気候が異なり「東京都の天気」とひとくくりにできないのです。

西之島の噴火

2013年11月、小笠原諸島の西之島の南東沖で噴火が起こり新島が誕生、12月には西之島とつながり1つになりました。その後も活動は続いています。

④　気候の特色

①北西部の内陸（群馬・栃木）

夏冬の気温差が大きく、冬は少雨、夏は多雨で雷雨も発生します。

②南部の沿岸地方（房総半島など）

海流（暖流）の影響を受け、温和な気候です。

③伊豆諸島・小笠原諸島

亜熱帯に近いところもあり、熱帯性植物が茂ります。雨が多く、年間を通じ温暖です。

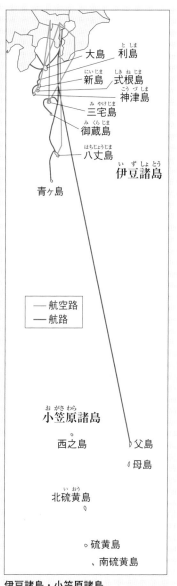

伊豆諸島・小笠原諸島

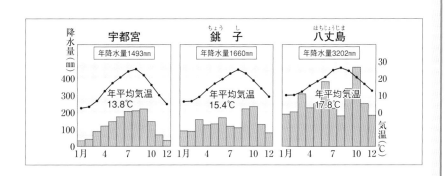

からっ風とやしき森

関東地方の山ぞいの地域では、からっ風が強く吹きます（群馬県では「赤城おろし」といいます）。からっ風を防ぐため、家のまわりを木々で囲んだものが「やしき森」です。

第6章　関東地方

3 人々の暮らしと産業

1 第１次産業──農業・水産業

①野菜・花の栽培

近郊農業では、「三浦だいこん」（三浦半島）や、房総半島での草花の栽培が有名です。

群馬県の嬬恋村では、夏のすずしい気候を利用して、キャベツなどの高原野菜を栽培しています。

キャベツ──群馬県・千葉県　　レタス──茨城県

はくさい──茨城県　　ネギ・ほうれんそう──千葉県・埼玉県

さつまいも──千葉県・茨城県　　イチゴ──栃木県

メロン──茨城県

②くだもの

日本なし──千葉県・茨城県

③工芸作物など

こんにゃくいも──群馬県（下仁田）

かんぴょう──栃木県　　らっかせい──千葉県

④畜産

近郊農業の一環として行われています。

乳牛──栃木県・群馬県

養鶏・養豚──茨城県・千葉県

⑤水産業

おもな漁港──銚子港・三浦港（三崎港）

遠洋漁業の基地で、全国有数の水揚げがあります。

沿岸漁業は、埋め立てによっておとろえました。

三浦だいこん

千葉県・南房総市の花畑

●**水郷地帯の早場米**
利根川下流域の水郷地帯では、台風による被害を避けるため、早めに収穫できる早場米の栽培が行われています。

●**関東地方の農業**

こんにゃくいも
栃木
群馬
たばこ
埼玉
茨城
さつまいも
東京
神奈川
みかん
千葉
らっかせい
花
だいこん
0　　50km

ネギの東西

ネギは「東と北は白、西と南は青」といわれ、東日本・北日本では白ネギが、西日本・南日本では青ネギが主流です。白ネギの代表格「千住ネギ」は東京、「深谷ネギ」は埼玉、「下仁田ネギ」は群馬と、いずれも関東が主産地です。

一方、青ネギの「九条ネギ」は京都、「万能ネギ」は博多と、西日本が主産地です。

② 第２次産業──工業・鉱業

①工業

　京浜工業地帯が過密になると、周辺に**京葉工業地域**（千葉県）・**関東内陸工業地域**（埼玉・群馬・栃木県）・**鹿島臨海工業地域**（茨城県）が発達しました。

[おもな工業都市はココ]

●関東地方のおもな工業都市

東京都	新宿区・北区・板橋区・文京区―印刷 日野―自動車　府中―電気機械 八王子―電気機械・ＩＣ・絹織物（ネクタイ）
神奈川県	横浜―**自動車・造船**　川崎―**製鉄・石油化学・ＩＣ**　横須賀―自動車・造船　藤沢―自動車・電気機械
千葉県	千葉・君津―**製鉄**　市原・袖ケ浦―**石油化学** 銚子・野田―しょう油 [醸造業]
埼玉県	狭山・上尾―自動車　秩父―**セメント**・絹織物
群馬県	桐生・伊勢崎―**絹織物** 太田―自動車　高崎―電気機械
栃木県	足利―**絹織物**　宇都宮―自動車
茨城県	鹿嶋―**製鉄・石油化学**　日立―**電気機械** ※東海村―日本で最初に原子力発電所がつくられました。

②伝統工業にはどんなものがある？

- 茨城県：**結城つむぎ**―結城市
- 栃木県：**益子焼**―益子町
- 群馬県：**桐生織**―桐生市、伊勢崎がすり―伊勢崎市
- 埼玉県：江戸木目込人形―さいたま市、春日部桐たんす―春日部市
- 東京都：村山大島つむぎ―武蔵村山市、本場黄八丈―八丈町
- 神奈川県：**鎌倉彫**―鎌倉市、**箱根寄木細工**―箱根町

③鉱業

　栃木県―**足尾銅山**（1973年に閉山）　千葉県―**天然ガス**

●足尾銅山鉱毒事件

　明治時代にわが国最初の公害問題が起きました。地元の国会議員だった**田中正造**は、鉱毒の対策を立てるように議会で政府に要求しましたが、大きな改善がなされることはありませんでした。現在では、この地域にあった谷中村は、遊水地にかわりました。

鹿島臨海工業地域

掘り込み港の鹿島港を中心に、鹿島臨海工業地域が形成されました。

4 交通&都市問題

東京湾アクアライン

東京湾アクアライン（東京湾横断道路）が、川崎～木更津間を結んでいます。

全長約15kmのうち、10kmが海底トンネル、5kmが橋で、途中のパーキングエリア「海ほたる」は観光名所となっています。

●ヒートアイランド現象
都市部の気温は周辺よりも高く、まるで「熱の島（英語でヒートアイランド）」のようです。地面のアスファルトの照り返しや、自動車などからの熱が、気温を上げる要因です。近年増えている局地的な集中豪雨（「ゲリラ豪雨」ともよばれる）の原因の1つともいわれています。

①四方八方にのびる道路網・鉄道網

東京は、鉄道や高速道路の起点となっています。

東京と近郊の地域を結ぶ鉄道網も整備され、多くの人が毎日家を離れて、東京まで通勤・通学しています。

②海と空の交通網

海上交通—**横浜港・東京港・川崎港・千葉港**など。
（いずれも、日本屈指の貿易港です。）

航空交通—**成田国際空港・東京国際空港（羽田空港）**

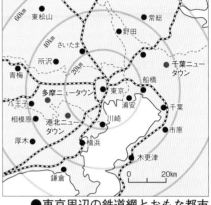

●東京周辺の鉄道網とおもな都市

羽田空港

③都市問題とはなんだろう？

東京には人口や産業が集中し、朝夕のラッシュアワーの通勤地獄や、慢性的な自動車の交通渋滞、ゴミの増加などの問題が深刻になっています。

地理おもしろ知識

再開発と新都市計画

東京への一極集中をゆるめる都市計画を紹介しましょう。

① 筑波研究学園都市

茨城県つくば市には、東京から大学や研究機関が移転しています。つくばエクスプレスの開業により、東京都心と最短45分で結ばれています。

② ニュータウン

多摩や港北（横浜）、千葉などにベッドタウンとして住宅が多く建設されました。

③ 臨海部（ウォーターフロント）開発

東京の台場に「臨海副都心」、横浜に「みなとみらい21」、千葉の幕張に「幕張新都心」などがつくられ、企業やショッピングモールなどが進出しています。

●東京湾岸の開発計画

青森県
青森
秋田　盛岡
秋田県　岩手県
山形県　宮城県
山形　仙台
福島
福島県

第７章　東北地方

東北地方は、本州の最も北にあり、６つの県に分かれます。

東北地方の６県
① 青森県（青森市）　④ 秋田県（秋田市）
② 岩手県（盛岡市）　⑤ 山形県（山形市）
③ 宮城県（仙台市）　⑥ 福島県（福島市）

※カッコ内は県庁所在地名。

1 東北地方の基本データ

面積…66948k㎡、人口…867万人。

面積が最も大きいのは**岩手県**（全国第２位）、小さいのは**宮城県**。人口が最も多いのは**宮城県**、少ないのは**秋田県**。**仙台市**は、東北地方で人口最大の都市で、**政令指定都市**です。

2 東北地方の自然と地形

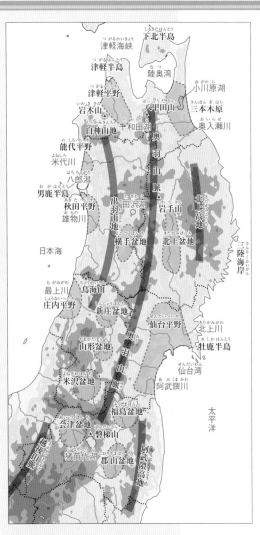

1 山地と山脈

東北地方の中央を**奥羽山脈**が南北に走り、その東に**北上高地**、西に**出羽山地**があります。

また、**八甲田山・岩手山**（南部富士）・**磐梯山**（会津富士）・**岩木山**（津軽富士）・**鳥海山**（出羽富士）などの火山も見られます。

八甲田山（青森県）

磐梯山（福島県）

2 平地・河川と海岸線

険しい山地・山脈の間に盆地や平野、そして湖が点在し、河川が流れています。

●おもな河川
①**北上川**─北上盆地・仙台平野／②**阿武隈川**─郡山盆地・福島盆地／③**米代川**─大館盆地・能代平野／④**雄物川**─横手盆地・秋

田平野／⑤最上川（日本三大急流の１つ）―米沢盆地・山形盆地・新庄盆地・庄内平野

●海岸線

太平洋側の岩手県から宮城県北部にかけての**三陸海岸**は**リアス海岸**となっています。日本海側の海岸線は単調で、平野がならびます。

③　気候の特色

①太平洋側

冷たい北東風（**やませ**）や千島海流の影響で日本海側より低温です。

② 中央部の盆地

内陸性気候で、雨は少なめですが、冬にはかなり雪が降ります。

③ 日本海側

冬は北西の季節風の影響で雪が多く降り、沖合を暖流の対馬海流が流れているため、気温も高めです。

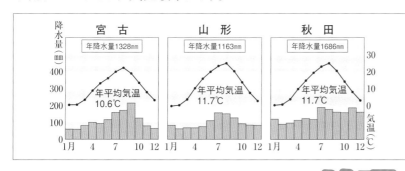

地理おもしろ知識

名所案内

①松島湾（宮城県）

台地が複雑な断層を起こして水没し、多くの島々が点在しています。日本三景の１つ。

②八郎潟（秋田県）

大規模な干拓が行われ、見渡す限りの水田が広がっています。

③猪苗代湖（福島県）

面積日本第４位。磐梯山のふもと。野口英世の生家が近くにあります。

④十和田湖（青森県・秋田県）

カルデラ湖で、奥入瀬川が流れ出します。一帯は十和田八幡平国立公園となっています。

十和田湖

3 人々の暮らしと産業

1 第１次産業──農業・林業・水産業

●東北地方のおもな銘柄米

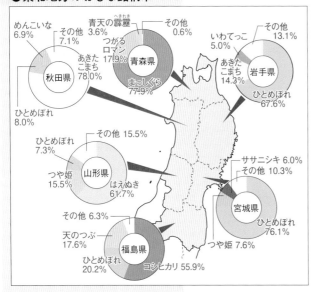

① 稲作──「日本の穀倉地帯」

全国の米のうち、4分の1以上は東北地方で生産されています。

近年では、味のよい銘柄米（ブランド米）の「あきたこまち」（秋田県）「ひとめぼれ」（宮城県）「はえぬき」（山形県）などの品種が多く栽培されています。

かつて日本で面積第２位の湖だった八郎潟が干拓され、大潟村が誕生しました。広大な水田では大規模な機械化農業が行われています。

② くだもの

青森県──りんご（全国第1位、津軽平野など）

山形県──おうとう（さくらんぼ：全国第1位、山形盆地など）・**ぶどう・西洋なし**

福島県──もも・りんご

③ 畜産

岩手県──北上高地を中心に酪農がさかんです。雫石町の小岩井農場は、民間総合農場のさきがけです。

（岩手県の乳牛の飼育数は全国第4位です。）

④ 林業

津軽ひば──青森県　秋田すぎ──米代川流域

（木曽ひのきとともに天然の三大美林です。）

⑤ 水産業

三陸沖は、暖流（日本海流）と寒流（千島海流）がぶつかる潮目にあたり、好漁場です。

おもな漁港──八戸港・宮古港・気仙沼港・女川港・石巻港など。

松島湾でかき・わかめ・のり、三陸海岸でかき・わかめ、陸奥湾でほたて貝が養殖されています。

2011年の東日本大震災では、地震とその後発生した大津波によって、大きな被害をこうむりました。

●東北地方のおもな農業

八戸港（青森県）

② 第2次産業──工業・鉱業

①工場の進出

[おもな工業都市]

八戸──セメント・製紙・パルプ・肥料・缶詰工業

仙台──機械・金属・ビール・パルプ

秋田──製紙・パルプ・製油　福島──せんい・化学肥料

いわき──セメント・ガラス・化学工業┐

郡山──電気機械・化学せんい─────┘ 常磐工業地域

②伝統工業は？

● 青森県：**津軽塗**──弘前市

● 岩手県：**南部鉄器**──盛岡市・奥州市

● 宮城県：**宮城伝統こけし**──大崎市（鳴子）ほか各地

● 秋田県：秋田杉おけ・たる──秋田全県、**大館曲げわっぱ**──大館市、**能代春慶塗**──能代市

● 山形県：置賜つむぎ──米沢市、**将棋の駒**──天童市（全国の約95％を生産しています）

● 福島県：**会津塗**──会津若松市

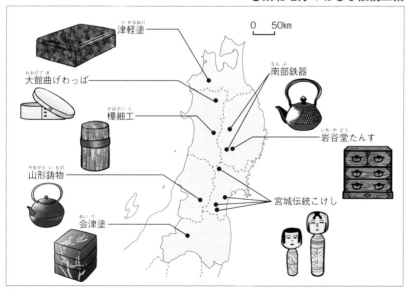

●東北地方のおもな伝統工業

③鉱業は？

秋田県──石油の産出：新潟県・北海道につぐ産出量があります。

④電力

青森県六ヶ所村には、**国家石油備蓄基地**と**核燃料再処理施設**（建設中）があります。**原子力発電所**は、**青森県の東通・宮城県の女川・福島県の海岸地域**にあります。東日本大震災により、**福島第一原子力発電所・福島第二原子力発電所**は廃炉になりました。

ひとくちメモ

平泉、世界文化遺産に

岩手県の「平泉─仏国土（浄土）を表す建築・庭園及び考古学的遺跡群」が、2011年、ユネスコの世界文化遺産に登録されました。中尊寺・毛越寺など5つの資産で構成されています。

ひとくちメモ

**新エネルギー
─地熱発電と風力発電**

岩手県の松川などで地熱発電が行われています。風力発電は、青森県・秋田県・福島県などで行われ、東北地方が全国の発電量のおよそ25％をしめています。これらは、クリーンで手軽なエネルギーとして、期待が高まっています。

4 東北地方を結ぶ交通網

東北全県を新幹線が走ります。

東北新幹線（東京—新青森）

秋田新幹線（東京—秋田）

山形新幹線（東京—新庄）

高速道路では、**東北自動車道**（東京—青森）・**常磐自動車道**（東京—宮城）・**磐越自動車道**（いわき—新潟）などが開通しています。

●東北地方の交通・IC工場

東北地方の四大祭り

東北地方では8月上旬に各地で大きな祭りが催されます。

①ねぷた（青森市）

人や動物の形をした張り子の大きな灯篭に火をともして街を歩きます。

弘前市では「ねぷた」といい、同じような祭りが行われます。

②竿燈（秋田市）

竹竿に提灯をつり下げ、にぎやかに夜の街をねり歩きます。

③七夕（仙台市）

ご存知、短冊に願いごとを書いて竹の葉に結びます。

④花笠（山形市）

名のとおり、花笠をかぶって市内をおどり歩く祭りです。

ねぷた祭り（青森市）

東北新幹線「はやぶさ」

第2部

8

第8章　北海道地方

北海道は、津軽海峡をへだてて本州と向かい合い、東は千島列島をへてカムチャツカ半島へ、北は宗谷海峡をへだてて樺太（サハリン）に対しています。

北海道の道庁は札幌市にあり、北海道全体を管轄しています。

1 北海道地方の基本データ

面積…78421km²（北方領土を含めると83424km²）

人口…525万人　人口密度…67人（全地方最少）

札幌市の人口はおよそ196万人、北海道でただ１つの**政令指定都市**です。

窓ガラスは二重、三重になっている。

屋根は平らで金属製。家の熱で雪をとかし、中央のダクトから排水する。

玄関は二重になっている。

北海道の家のつくり

ひとくちメモ

蝦夷地とアイヌ

北海道はむかし蝦夷地とよばれ、アイヌの人々が住む大地でした（2008年、アイヌを先住民族と認めるように政府に求める初の国会決議が採択されました）。北海道の地名の多くもアイヌ語に由来します。「北海道」という名前になったのは、1869（明治２）年。このよび名は、「東海道」「西海道（九州地方をこうよんでいました）」などにならったものです。

2 北海道地方の自然と地形

1 山脈・火山と湖

北見山地と日高山脈が南北に走って北海道を東西に分け、その西側になだらかな天塩山地・夕張山地があります。

大雪山・羊蹄山（蝦夷富士）・有珠山・昭和新山などの火山が、摩周湖・屈斜路湖・阿寒湖・洞爺湖・支笏湖などのカルデラ湖をつくっています。また、知床五湖と羅臼湖と知床連山は世界遺産に登録されています。（世界遺産条約➡P.135を参照）

北方領土

国後島　択捉島

色丹島

歯舞群島

昭和新山

宗谷海峡
宗谷岬
礼文島
利尻島
天塩川
天塩平野
北見山地
オホーツク海
サロマ湖
知床半島
国後島
色丹島
日本海
天塩山地
名寄盆地
上川盆地
北見盆地
大雪山
歯舞群島
石狩湾
富良野盆地
根釧台地
積丹半島
夕張山地
石狩平野
根室半島
釧路平野
支笏湖
十勝平野
日高山脈
釧路川
洞爺湖
有珠山
昭和新山
十勝川
太平洋
内浦湾
渡島半島
襟裳岬
津軽海峡

2 川と平地

道東—根釧台地・十勝平野（十勝川）・釧路平野（釧路湿原がラムサール条約に登録）（ラムサール条約➡P.134を参照）

道央—上川盆地・石狩平野（石狩川）

③　寒く、雨も少ない気候

北海道の気候は冷帯（亜寒帯）に属し、全般に冷涼です。寒くて長い冬と、短い夏。また、台風の影響は少なく、梅雨もありません。

網走の流氷

オホーツク海沿岸には冬に流氷が押し寄せ、太平洋岸では夏に濃霧（ガス）が発生します。

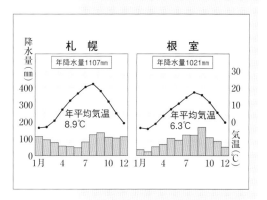

札幌　年降水量1107mm　年平均気温8.9℃

根室　年降水量1021mm　年平均気温6.3℃

3 人々の暮らしと産業

①　第１次産業——農業・林業・水産業

①大規模な農業——日本の食料基地

農家一戸あたりの平均耕地面積は30.6haと、全国平均の10倍以上もあります。大型機械（トラクター・コンバイン）を使った大規模な農業が行われています。

●北海道の農業

稲作の中心——上川盆地・石狩平野・富良野盆地

北海道の米の都道府県別生産量は、毎年新潟県とともに上位をしめています。

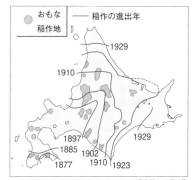

おもな稲作地　——稲作の進出年
稲作の北進

[北海道の生産が全国第１位の農作物]

てんさい・いんげん・大豆・あずき・じゃがいも・小麦・そば・たまねぎ・かぼちゃ・にんじん・スイートコーン・ブロッコリー・やまいも

酪農のさかんな地域——根釧台地

北海道では、日本の乳牛の50％以上が飼われています。

②林業

森林資源に恵まれ、多くが国有林です。

森林資源をもとに、**製紙・パルプ工業**も発達しました。

●**きらら397・ななつぼし・ゆめぴりか**

北海道産のブランド米「きらら397」が、評価され、さらに味を高めた「ななつぼし」「ゆめぴりか」などの新品種もつくられています。

●**石狩平野の土地改良**

石狩平野では、排水工事や客土によって泥炭地を水田化しました。

●**根釧台地の開拓**

国の計画で、模範的な実験農場（パイロットファーム）がつくられ、さらに新酪農村が建設されました。

●**畑作のさかんな地域——十勝平野**

麦類・まめ類・じゃがいも・てんさい・はっか・ホップなど、すずしい気候に適した作物が栽培されています。

美瑛のじゃがいも畑

③水産業

オホーツク海やベーリング海に出漁する北洋漁業の基地が多く、さけ・ます・かに・すけとうだらなどが水揚げされます。沿岸漁業では、たら・いか・さばなどがとれます。

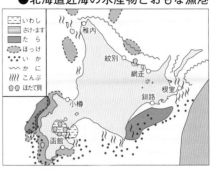

●北海道近海の水産物とおもな漁港

おもな漁港―釧路・稚内・根室・函館など

現在は、アメリカとロシアが200カイリ水域を設けて他国の漁業を制限しているため、北洋漁業の水揚げはへっています。

そのため、養殖業・栽培漁業に力を入れています。サロマ湖・内浦湾でほたて貝、根室半島沿岸でこんぶが養殖され、河川ではさけの人工ふ化が行われています。

函館のイカ釣り漁船

② 第2次産業――工業・鉱業

①食料品工業の割合が高い

工業製品出荷額の約3分の1が食料品工業です。

●北海道地方のおもな工業都市

[おもな工業都市はココ]

食料品工業	札幌―ビール・乳製品 帯広―製糖 函館・小樽・根室―缶詰工業（水産加工）
製紙・パルプ工業	苫小牧・旭川・釧路など
重化学工業	室蘭―製鉄　苫小牧―自動車部品 千歳―電子工業（IC）

②鉱業

かつて、道内各地には石狩炭田をはじめ炭鉱がいくつもあり、夕張市や三笠市などの炭鉱町は多くの人でにぎわっていました。しかし、1960年ごろからエネルギー革命などによって石炭産業がおとろえ、炭鉱は次々と閉山し、人々も町を去っていきました。

●日本一人口の少ない市
北海道の歌志内市は、1948年には46000人を記録した人口が、炭鉱の閉山以後減少を続け、2021年9月には約3000人。日本一人口の少ない市です。

4　北海道を結ぶ交通網

1　北海道へ行く

　新千歳空港（千歳市・苫小牧市：1988年開港）が、北海道の表玄関となっています。東京—札幌間の利用者数は年間約900万人で、国内で最も多い路線です。また、津軽海峡には世界最長の青函トンネル（1988年開通）が通り、本州と北海道を結んでいます。2016年には北海道新幹線が開通しました。

福島町青函トンネル記念館

2　北海道を移動する

　北海道内には以前、何本も鉄道路線がありましたが、多くが廃止され、現在残るのは函館本線・宗谷本線・根室本線・室蘭本線などの主要幹線だけです。

●北海道の交通網の移り変わり

かつては人気だったローカル線の駅も廃線によって今は交通公園になっている（元幸福駅・帯広市）

メモ

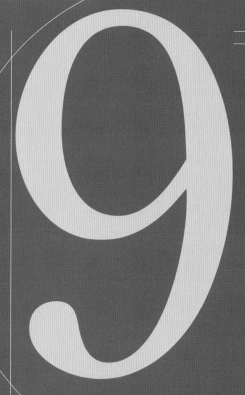

第9章　世界の国々と日本

丸くて青い地球の上には現在、世界には190あまりの国々があり、人口は74億人を数えます。世界のようすと、日本と関わりの深い国を中心にみていきましょう。

《6つの大陸》

ユーラシア大陸（アジアとヨーロッパからなる世界最大の大陸）

アフリカ大陸

北アメリカ大陸

南アメリカ大陸

オーストラリア大陸

南極大陸

1 世界の大陸と国々

① 6つの大陸

地球の表面の約**70%**は**海**で、約**30%**が**陸地**です。陸地は6つの大きな大陸と、大小さまざまな島々からなっています。

●6大陸と3大洋

6大陸…**ユーラシア大陸*・アフリカ大陸・北アメリカ大陸・南アメリカ大陸・オーストラリア大陸・南極大陸**

*アジアとヨーロッパからなる世界最大の大陸

3大洋…**太平洋・大西洋・インド洋**

海と陸の割合

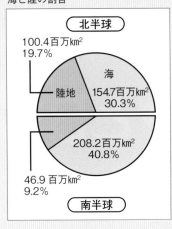

世界の大陸と海洋

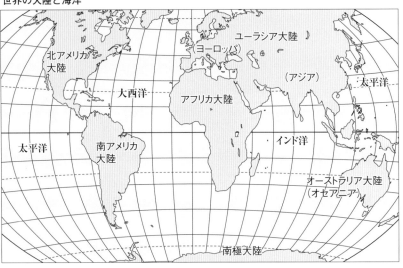

② 世界の国々と面積・人口

現在、世界には**197**の国々があり、総人口は**約77億人**に達しています。

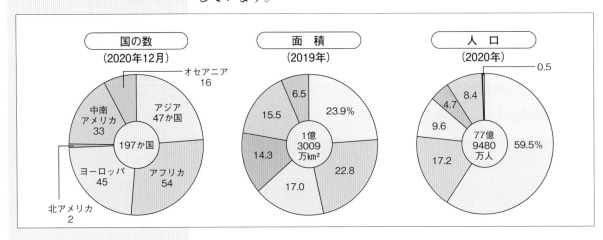

◆ 面積の大きい国（2019年）	◆ 人口の多い国（2020年）
① ロシア（日本の約45倍）	① 中国（約14.4億人）
② カナダ（約26倍）	② インド（約13.8億人）
③ アメリカ（約26倍）	③ アメリカ（約3.3億人）
④ 中国（約25倍）	④ インドネシア（約2.7億人）
⑤ ブラジル（約23倍）	⑤ パキスタン（約2.2億人）

世界の人口の約5人に1人は中国人という計算です。日本は、世界で11番めに人口の多い国です。

③　世界の地形

●山地

　6つの大陸をとりまくようにして、高く険しい山脈が連なる2つの造山帯があります。

　環太平洋造山帯…太平洋を囲む形で連なる。日本もその一部。

　アルプス・ヒマラヤ造山帯…ユーラシア大陸南部に連なる。

●河川と平野

　大陸には、日本と比べて規模の大きい河川や平野があります。アマゾン川の流域面積は、日本の国土面積の約19倍にもなります。

スイスのアルプス山脈

第9章　世界の国々と日本

世界最高峰	エベレスト［チョモランマ］　高さ8,848m エベレストがあるヒマラヤ山脈には8,000m級の山々が連なり、「世界の屋根」といわれる。
最も長い川	ナイル川（エジプト）　長さ6,695km 5000年ほど前からナイル川の流域ではエジプト文明が栄えた。「エジプトはナイルのたまもの」ということばもある。
最も面積の大きい湖	カスピ海（中央アジア）　面積374,000km² 面積は日本の国土面積とほぼ同じで、５つの国に面している。

エベレスト（チョモランマ）

エジプトを流れるナイル川

地理おもしろ知識

世界中の国々があつまるオリンピック

　オリンピックは、世界中の国や地域の代表があつまって開かれる世界的なスポーツの祭典です。2021年に東京で開かれたオリンピックには、205の国と地域から11,000人あまりの選手が参加しました。

　オリンピックの旗としてよく知られる五輪のマークですが、５つの輪は世界の５つの大陸を表すともいわれています（この旗が発表されたのは今から100年近く前のことで、「５つの大陸」はアジア・アメリカ・アフリカ・オーストラリア・ヨーロッパをさしています）。

五輪マーク

2　日本と関係の深い国々

1　日本と近い国々

　日本は、日本海をはさんで**ロシア・北朝鮮・韓国**と向き合い、東シナ海をへだてて**中国**とも面しています。中国や朝鮮半島の国々とは、交流を重ねてきた歴史も長く、現在も人やものの行き来はさかんです。

（面積：2019年、人口：2020年）

中華人民共和国（中国） 面積　960.0万km² 人口　14億3932万人	世界一の人口があり、56もの民族からなっています。経済が大きく成長しつつありますが、食品の安全性をめぐる事件や、黄砂などによる環境汚染が問題になっています。（首都：ペキン）	
大韓民国（韓国） 面積　10.0万km² 人口　5127万人	「アジアニーズ」（新興工業経済地域）として工業化が急速に進み、経済も発展しました。北九州とは距離的にも近く、交流もさかんです。（首都：ソウル）	
朝鮮民主主義人民共和国（北朝鮮） 面積　12.1万km² 人口　2578万人	核開発問題や日本人拉致問題などがあるため、日本と正式な国交はありません。鉱産資源は豊富ですが、一方で食糧危機が伝えられています。（首都：ピョンヤン）	
ロシア連邦 面積　1709.8万km² 人口　1億4593万人	ヨーロッパとアジアにまたがる、世界一大きな国です。国土の大部分は北緯50度以上にあり、寒さのきびしい地域が多くあります。（首都：モスクワ）	

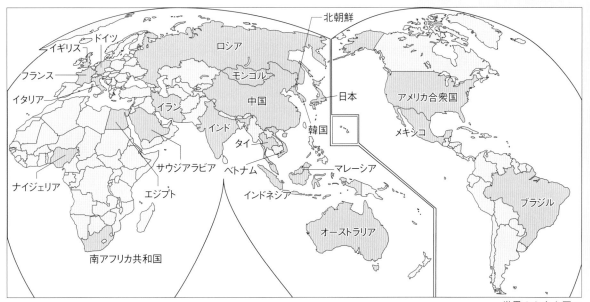

世界のおもな国々

●領土問題

　日本が隣接する国々との間では、領土をめぐる対立が生じている場合もあります。

① 北方領土……択捉島・国後島・色丹島・歯舞群島のことで、日本固有の領土ですが、現在はロシア連邦が占拠しており、日本は返還を求めています。

② 尖閣諸島……沖縄県石垣島の北約170kmにある島々で、日本と中国と台湾が領有権を主張しています。中国との間で問題となっている東シナ海のガス田開発は、2008年に日本と中国が共同開発することで合意しました。

③ 竹　　島……日本海の隠岐諸島の北西約157kmに位置する小島。日本と韓国が領有権を主張しています。日本は1905年に竹島を島根県に編入しており、2005年には島根県が条例で「竹島の日」を制定しました。

知床半島からのぞむ国後島

北方領土

竹島

尖閣諸島

地理おもしろ知識

"極東"の国・日本

　ヨーロッパでは、日本や中国がある東アジアの地域を「極東」という場合があります。「極東」とは、"極めて遠い東の地域"といった意味合いですが、それはヨーロッパを中心に見て、日本や中国が"はるか東"にあることに由来する呼び名です。同じ発想で、ヨーロッパから東にある地域は、近いほうから「近東」「中近東」「中東」などと呼ばれます（サウジアラビアなど産油国がある地域を「中東」といったりしますね）。

　私たちが見慣れた世界地図では、日本が中央にあり、地図の上が北であることがふつうで

すが、それもあくまでもひとつの見方によるものなのです。試しに、見慣れた地図の上下を逆さまにしてみると、何かが見えてくるかもしれません。

日本海

② 経済的なつながりが深い国々

　日本は世界を代表する先進国の１つとして、アメリカやヨーロッパなどの先進国と深いつながりを持っています。また、日本はエネルギー資源や食料などの多くを外国からの輸入にたよっているため、貿易の上でも多くの国と深く関係しています。

（面積：2019年、人口：2020年）

アメリカ合衆国 面積　983.4万km² 人口　３億3100万人	ヨーロッパからの移民でつくられた国で、現在、世界の政治・経済の中心となっています。日本はアメリカと、貿易や防衛の面などにおいて深いつながりがあります。（首都：ワシントンD.C.）	
イギリス 面積　24.2万km² 人口　6789万人	かつて「世界の工場」といわれた国です。EU（ヨーロッパ連合）に加盟していましたが、移民の流入の問題が理由で、2020年にEUを離脱しました。（首都：ロンドン）	
オーストラリア 面積　769.2万km² 人口　2550万人	石炭・鉄鉱石・ボーキサイトなど資源の豊富な国で、日本もこれらの資源を輸入しています。羊毛の輸出も世界一です。（首都：キャンベラ）	
サウジアラビア 面積　220.7万km² 人口　3481万人	中東にある、世界有数の産油国です。イスラム教の国で、国内にはイスラム教の聖地メッカもあります。（首都：リヤド）	

③ 国際化する日本

　日本で生活する外国人の数は、近年急速にふえています。それも、これまでは中国人や韓国・朝鮮人といった近隣諸国の人が多かったのが、大相撲で活躍するモンゴル人や、コンピュータの分野で仕事をするインド人といったように、さまざまな国からの人たちが来日しています。

　また、現在では観光などで一時的に日本を訪れる人の数も、年間で2500万人をこえています。

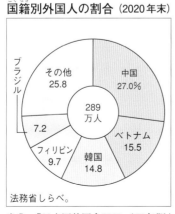

国籍別外国人の割合（2020年末）

ブラジル
その他 25.8
中国 27.0%
289万人
7.2
ベトナム 15.5
フィリピン 9.7
韓国 14.8

法務省しらべ。

出典：「日本国勢図会2021／22年版」

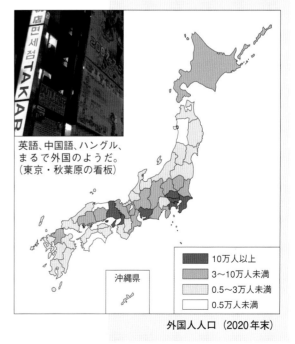

英語、中国語、ハングル、まるで外国のようだ。（東京・秋葉原の看板）

■	10万人以上
▨	3〜10万人未満
▦	0.5〜3万人未満
□	0.5万人未満

沖縄県

外国人人口（2020年末）

索 引（さくいん）

さ行

た行

〈掲載写真資料所蔵・提供・協力一覧〉（敬称略・順不同）
● 表紙
2019年　青森ねぶた祭「紀朝雄の一首　千方を誅す」竹浪比呂央　作
（公社）青森観光コンベンション協会
Cynet Photo
時事通信フォト

● 本文
大井啓嗣（デジタル楽しみ村　http://www.tanoshimimura.com/）
海上保安庁
日光東照宮
志摩市
嚴島神社
時事通信フォト
時事通信フォト/朝日航洋
EPA＝時事
朝日新聞社
毎日新聞社/ 時事通信フォト
共同通信社
Cynet Photo
北海道福島町
ユニフォトプレス
アート・エフ

〈参考文献〉
『日本国勢図会』　矢野恒太記念会
『県勢』　矢野恒太記念会
『日本のすがた』　矢野恒太記念会
農林業センサス
情報通信統計データベース　総務省
国立天文台編「理科年表」2021年版（2020丸善）

啓明館が紡ぐ　中学入試 **日本の地理【第4版】**

2021 年 12 月 25 日　初　版　発　行

監　修：啓明館
編　集：㈱さなる　教材研究室
発行者：荻原太志
発行所：株式会社 みらい　〒500-8137　岐阜市東興町 40 番地　第 5 澤田ビル
　　　　TEL 058-247-1227（代）　http://www.mirai-inc.jp/
印刷　製本：サンメッセ株式会社

ISBN978-4-86015-575-9　C6025